Jodi Pierce

Das Geheimnis des Außergewöhnlichen

Orginaltitel: Something Broken Something Extraordinary

Sengle & Schnürle GdbR, Hirschstr. 19, 76133 Karlsruhe
Website: www.steigerpress.com

Aus dem Englischen übersetzt von Susanne Lauer (Buch), Melanie Raichle (Anhang) und Katharina Kremner (Rundbriefe im Buchteil)
Die zitierten Bibeltexte wurden, falls nicht anders vermerkt, der „Die Gute Nachricht" Übersetzung entnommen. Andere verwendete Übersetzungen: (NL) = Neues Leben, (ELB) = Rev. Elberfelder, (NGÜ) = Neue Genfer Übersetzung, (Lut) = Luther 1984

Lektorat: Frieda S. & Andrea Rau
Umschlaggestaltung: Agata Fischer
Satz: Cristian Faber
Druck: Aalexx-Druck, D-Großburgwedel

Printed in the EU
ISBN 978-3-9812658-0-4
Bestell Nr. PGB 8020

Weitere Informationen zu Steiger und über Bücher und die Arbeit von Jodi und David Pierce finden Sie am Ende des Buches.

JODI PIERCE

DAS GEHEIMNIS DES AUSSERGEWÖHNLICHEN

STEIGER
INTERNATIONAL

Mein besonderer Dank geht an:

Agata Fischer – Danke für die Umschlaggestaltung

Maegan Davis – Vielen Dank für die zahlreichen Stunden harter Arbeit an diesem Buch. Ich hätte das niemals ohne dich geschafft.

Meinen Ehemann – Danke, dass du genau das bist, was ich brauche. Ich hätte ohne dich noch nicht einmal daran gedacht dieses Buch zu schreiben.

Jodi Pierce

Anmerkung der Autorin

Irgendwo da draußen wartete ein außergewöhnliches, aufregendes und abwechslungsreiches Leben auf mich. Ich wusste es. Ich spürte es. Und ich war entschlossen, es nicht zu verpassen. Denn was ich wollte, war etwas Bedeutungsvolles, etwas, das spannend war und mich begeisterte. Aber wie sollte ich das nur finden?

Ich verließ die Vereinigten Staaten um nach Amsterdam in Holland zu ziehen. Ehrlich gesagt konnte ich anfangs nur hoffen, dass ich damit nicht einen riesengroßen Fehler gemacht hatte. Doch kurz darauf begann ich bereits das unglaubliche Leben zu entdecken, für das ich bestimmt war zu leben. Während ich von meinen Erfahrungen schrieb, habe ich versucht, aufrichtig über meine Probleme und Mühen zu berichten. Ich hoffe dich durch die Kenntnis darüber, dass da draußen ein außergewöhnliches Leben auf dich wartet, dazu ermutigen zu können, es zu suchen. Du kannst es dadurch finden, dass du Gott folgst.

Durch Gott gewinnt dein Leben an Bedeutung. Du kannst jeden Morgen voller Erwartung an den Tag aufwachen. Ich weiß ja nicht, wie es dir geht, aber wenn ich die ganzen schlechten Nachrichten und traurigen Geschichten höre, die das Leben so vieler Menschen ausmachen, brauche ich diese Hoffnung. Ich wünsche mir mehr als alles andere, dass du dieses Buch am Ende mit dem Gedanken schließt: „Weißt du was? Wenn ein durchschnittliches Mädchen wie Jodi, das allerdings viel vom Leben erwartete, in der Beziehung zu ihrem himmlischen Vater Bedeutung fand, dann kann ich das auch!“

Inhaltsverzeichnis

1 Amsterdam

Als ich gerade auf dem Weg war ein paar Lebensmittel einzukaufen, fiel mir eine Gruppe von Leuten auf, die sich um den Kanal drängte.

Da der Einkaufsladen am Rande des Rotlichtviertels lag, begegnete man immer den verschiedensten Leuten, womit sich der Weg zumeist als sehr interessant gestaltete. Ich ging also auf die Gruppe zu, weil ich wissen wollte, was passiert war. Allerdings brauchte ich nicht lange, um den Grund ihrer Aufmerksamkeit zu entdecken. Es war der Körper einer toten Frau, der den Kanal hinabtrieb. Eine Prostituierte, die anscheinend in einen Streit geraten und daraufhin in den Kanal geworfen worden war. Für mich war es nicht das erste Mal so etwas zu sehen. Heute war es eine Prostituierte, ein anderes Mal ein Junkie.

In solchen Situationen schien mein Leben auf einmal so weit weg von dem behüteten, amerikanischen Vorstadtleben meiner Kindheit zu sein. Es war ein seltsames Gefühl durch eine so sonderbare Stadt wie Amsterdam zu laufen und dabei seinen alltäglichen Geschäften nachzugehen. Eine Stadt, in der Leute auf meine Söhne und mich zukamen, um uns Hasch oder Dope anzubieten. Ich konnte mich nur fragen, wie ich, um alles in der Welt, in dieser Stadt gelandet war und wie es dazu noch möglich war, dass ich sie so mochte?!

Wenn uns amerikanische Freunde besuchen kamen, um zu sehen, wie wir in Amsterdam lebten, gab ich ihnen gewöhnlich eine Stadtführung. Gerade dabei wurde mir jedes Mal neu bewusst, wie sehr ich es doch liebte, an diesem Ort zu leben. Und trotzdem blieb es eine Stadt, in der man mit einem guten Kaffee an einem wunderschönen Kanal sitzen konnte, während sich ein Junkie ein paar Meter weiter Heroin spritzte.

Unsere Nachbarschaft war nämlich das holländische Mini-Harlem, was bedeutete, dass es voll von Junkies, Prostituierten und Drogendealern war. Hier machte es ganz und gar nichts aus, dass wir keinen Fernseher besaßen, da es vor unserem Fenster genug zu beobachten gab. Einmal musste ich von dort sogar mit ansehen, wie mein Ehemann David von Drogendealern umhergeschubst wurde.

In unsere Wohnung zu gelangen war ein Hürdenlauf. Eine Sache war, dass ich häufiger Leute aus dem Weg schieben musste, weil unser Außeneingang gerne als Toilette oder Ort zum Dealen genutzt wurde. Was ich allerdings viel schlimmer fand war, dass sich sogar einmal jemand im Eingang vor meinen Füßen übergab. War ich dann durch die erste Tür, folgten die nächsten Etappen. Ein schmaler Durchgang, in den Urin von draußen reinfloss, da zwischen der Außentür und dem Boden ein relativ großer Spalt war. Für mich bedeutete es, aufzupassen in nichts reinzutreten, was ich nicht später auf meinem Wohnungsboden wiederfinden wollte. Meistens war der Gestank jedoch so stechend, dass ich nicht anders konnte, als den Weg zur nächsten Tür rennend hinter mich zu legen. Sobald ich den Durchgang hinter mir gelassen hatte, roch es nicht mehr ganz so übel. Nach drei weiteren Türen war ich dann endlich in unserer Wohnung angekommen.

Diese bestand aus zwei Zimmern, wobei das erste der beste Teil der Wohnung war. Dort stand nämlich eine Badewanne. Im zweiten Raum befand sich eine riesige Spiegelwand und ein an der Wand befestigtes Bett. Unsere Vovrmieter waren Junkies und Prostituierte. Es musste ein Albtraum gewesen sein, die Wohnung nach ihrem Auszug zu räumen und zu reinigen. Als wir einzogen, war es zwar sauber, aber nicht schwer sich vorzustellen, was dort vorher abgelaufen sein musste.

Mal abgesehen davon lebten wir übrigens nicht alleine in

der Wohnung. Wir teilten sie uns mit Mäusen, was mich nicht weiter störte, solange ich sie nicht zu Gesicht bekam, wenn wir Zuhause waren.

Ab und an schwappte dann doch die verrückte Welt, in der wir lebten, zu uns herein. Wir wohnten über einem indonesischen Restaurant, dessen Geruch zu uns hochzog. Als ich schwanger war und mich sowieso schlecht fühlte, machte der Geruch alles noch schlimmer. Ich dachte deshalb, dass es gut wäre, mich ein bisschen hinzulegen. Was ich dann jedoch beim Griff in den Kleiderschrank vorfand war eine dreckige Maus, die es sich auf meinem sauberen Bademantel bequem gemacht hatte. Ich weiß nicht, warum ich mir gerade diesen Augenblick aussuchte, aber ich hatte auf einmal genug. Ich schrie auf und erschreckte uns alle: mich selbst, die Maus und vor allem meinen Mann David, der gerade unter der Dusche stand. Dieser kam sofort aus der Dusche gerannt, da er annahm, dass jemand eingebrochen war. Da stand er nun wie ein Irrer, nackt, mit Shampoo in Haar und Augen. Ehrlich gesagt wäre es wahrscheinlich eine ziemlich witzige Situation gewesen, wenn es mir nicht so schlecht gegangen wäre. Damals dachte keiner von uns, dass es auch nur ansatzweise amüsant war. Wir haben unser Leben in Amsterdam zwar geliebt, aber einige Situationen waren doch verrückt.

An einen Tag werde ich mich daher immer erinnern. In unserer Nähe wohnte ein jüngerer Mann auf seinem Hausboot. Als ich dort eines Tages vorbeiging, stand er zur Straße gewandt auf seinem Boot, wobei mich der Blick in sein Gesicht erschrecken ließ. Ich hatte das Gefühl, als würde ich einen Toten angucken. Sein Gesicht war grau, seine Augen leblos und von der Stelle seines Armes, in der eine Nadel steckte, tropfte Blut auf den Boden. Vergessen konnte ich das nie.

In Amsterdam ist eben alles möglich; um Freiheit und Toleranz zu erleben, für die diese Stadt bekannt ist, kommen Leute von überall her. Was ich allerdings finde ist, dass sie zuerst einmal an diesem Mann vorbeigehen sollten, um zu sehen, was Amsterdam wirklich bietet.

2 Ein ganz normales Mädchen

Noch viele Jahre vor meiner Zeit in Amsterdam stand ich vor einem anderen bedeutsamen Schritt. Ich zog von zu Hause aus, um mit meinem Studium an der Universität zu beginnen. Ich sah den Start an der Uni als einen Neubeginn meines Lebens, eine Chance bei Null anzufangen, nachdem die letzten Jahre für mich so schwierig gewesen waren. Hatte ich doch das Gefühl, nur noch blind umhergetappt zu sein. Obwohl ich nicht behaupten kann, dass ich eine schlechte Kindheit gehabt hätte.

Ich wurde in einem Krankenhaus in der Nähe des Bauernhofes meiner Großeltern geboren. Da ich das erste weibliche Enkelkind war, waren wohl alle sehr erfreut und aufgeregt über meine Ankunft. Das kann man auch auf den Fotos erkennen, die mich als gut genährtes und umsorgtes kleines Kind zeigen.

Bis zu meinem dritten Lebensjahr wohnte ich mit meinen Eltern und meinem älteren Bruder auf dem Bauernhof. Danach beschlossen meine Eltern nach Sioux Falls in South Dakota zu ziehen, was eine Dreiviertelstunde entfernt lag. In den folgenden drei Jahren habe ich noch zwei kleine Brüder bekommen, wodurch meine Umwelt nun ausschließlich aus Jungs bestand. Eine Schwester hatte ich nicht, und selbst in unserer Umgebung schien es nur Jungs zu geben. Kein Wunder, dass meine beiden besten Freunde Jungs waren und ich mich ihnen anpasste, indem ich Fahrrad fuhr und Baseball spielte, anstatt mich mit Puppen zu beschäftigen. Ich hatte gelernt, wie ich mich in einer Welt verhalten musste, in der ich das einzige Mädchen war. Doch da ich das einfache, sorgenfreie Leben eines Kindes führte, stellte dies für mich kein weiteres Problem dar.

Als ich neun war, zogen wir nach Texas. Ich habe die Zeit in sehr guter Erinnerung, obwohl ich dort, wie ich im Rückblick sagen muss, wohl ziemlich rebellisch geworden bin. Mit der Zeit entwikkelte ich einen so starken Willen, dass ich es hasste, wenn mir jemand sagte, was ich tun sollte. Schon allein der Gedanke, jemand könnte mich kontrollieren, war für mich furchtbar. Was für meinen Vater natürlich bedeutete, dass er keine leichte Zeit mit mir hatte. Es war ein permanentes Kräftemessen zwischen uns. Ich wollte ihn diesen Kampf nicht gewinnen lassen, konnte ihn aber auch nicht kontrollieren. Mein Vater musste mir nur etwas sagen oder auftragen, und sofort reagierte ich aggressiv. Ich sagte mir, dass er kein Recht habe, mich zu etwas zu zwingen, was ich nicht wollte. Letztendlich war immer die Frage, wer als erstes aufgeben würde, wobei ich mich nicht erinnern kann, jemals diese Person gewesen zu sein.

Eines Tages zum Beispiel, als unsere Familie auf dem Weg zu Freunden war, forderte mein Vater uns Kinder auf, ihm zu versprechen, uns gut zu benehmen. Meine Brüder versprachen es ihm sofort, ich hingegen konnte einfach nicht ja sagen, dabei wusste ich, dass es angebracht gewesen wäre. Wieso muss er mich das fragen, dachte ich bei mir. Natürlich werde ich mich gut benehmen. Dafür muss ich doch kein Versprechen ablegen. Schließlich bin ich kein Kind mehr, das man zu so etwas zwingen muss. Also verlange nicht von mir, dir auf solch eine Frage zu antworten. In meinen Augen wäre ein Ja einer Demütigung gleichgekommen. Folglich führte meine Weigerung wieder einmal zu einer endlosen Diskussion, in der keiner von uns nachgeben wollte.

Während der Zeit in Texas gingen wir immer in die Pinecrest Bible Church. Obwohl ich erst zehn war, werde ich den Pastor dieser Kirche niemals vergessen. Ich erlebte häufig, dass er während seiner Predigten so stark von Gott berührt wurde, dass er seinen Kopf auf die Kanzel legte und zu schluchzen anfing. Jedes Mal, wenn das geschah, hielt ich den Atem an und beobachtete ihn fasziniert. Gottes Gegenwart war für mich spürbar im Raum, und somit schloss ich, dass er anscheinend gerade zu unserem Pfarrer sprach. Von da an stand für mich fest, dass ich Gottes Stimme genauso hören wollte.

Die Jahre in Texas haben mich sehr geprägt. Damals hatte ich eine jener einzigartigen Lehrerinnen, an die man sich sein Leben lang erinnert. Die Art und Weise, wie sie sich für mich einsetzte, half mir an mich selbst zu glauben. Durch sie fühlte ich mich klug und fand endlich das Selbstvertrauen, in einer Theatergruppe für Kinder mitzumachen. Diese Theatergruppe hat mir viel bedeutet, und ich mochte alles an ihr, das Schauspielern, die Kostüme, das Make-up, bis hin zu den anderen Schauspielern, die voll auf ihre Rolle eingingen.

Zwei Jahre später, als ich elf war, zogen wir von Texas nach St. Paul in Minnesota um. Es fiel mir allerdings schwer, mich dort einzuleben; ich hatte Mühe, Anschluss zu finden und fühlte mich infolgedessen immer häufiger einsam.

Es fing damit an, dass die Lehrerin meiner neuen Schule während der ersten Tage ankündigte, dass wir im Laufe des Schuljahres einige Referate halten müssten. Für mich stellte das zunächst kein Problem dar, zumal ich im Jahr zuvor leidenschaftlich gern Theater gespielt hatte. So dachte ich zumindest, bis ich das erste Mal vor der Klasse stand. Denn sobald ich aufgestanden war, um nach vorne zu gehen, fingen meine Hände an, unkontrolliert zu zittern. Damit hätte ich niemals gerechnet! Doch so stand ich nun gezwungenermaßen vor der Klasse und musste die Schmach über mich ergehen lassen, dass jeder meine Unsicherheit sehen konnte. Nachdem ich es hinter mich gebracht hatte, fühlte ich mich zutiefst gedemütigt und bloßgestellt. So hatte ich mir den Start in meiner neuen Schule sicherlich nicht vorgestellt! Abgesehen davon, dass ich mich total schlecht fühlte, war mir schleierhaft, wie ich auf diese Situation reagieren sollte. Ich war davon überzeugt, dass ich für die anderen Kinder nur noch die doofe Neue war und nicht ein Mädchen, wie andere auch.

Aus der Sicht eines Erwachsenen war das vielleicht nur ein kleiner Vorfall, für mich aber war es wie ein vernichtender Schlag. Ich war erst elf, ganz neu in der Klasse und wollte um nichts in der Welt irgendetwas machen, das negativ auffallen könnte oder nicht dem Standard entsprach. Und das auch noch zu Beginn der Pubertät, wenn man sowieso nur den Wunsch hat, einfach dazuzugehören.

Jedenfalls versuchte ich, das Geschehene zu ignorieren, was mir allerdings nicht gelingen wollte. Mich packte immer wieder von neuem die Angst, wenn ich ein Referat halten sollte und ich fühlte mich deswegen jedes Mal noch schlechter als vorher. Hinzu kam, dass meine Lehrerin das anscheinend nicht wahrnahm und mir dadurch jegliche Ermutigung fehlte. Mir hätte doch lediglich jemand sagen müssen, dass es anfangs normal sei, aufgeregt zu sein und dass man sich mit ein wenig Übung schnell verbessern könne.

So kam es, dass ich nicht über mein Problem sprach, da ich es niemandem eingestehen wollte, sondern entschlossen war, es selbst zu lösen. Dieser Plan schlug natürlich fehl, weil ich damit als Elfjährige maßlos überfordert war. Meine Angst wurde sogar noch größer, und ich dachte permanent darüber nach, wie dumm und demütigend es war, so angsterfüllt zu sein. Ich war davon überzeugt, dass ich es wahrscheinlich niemals lernen würde, damit umzugehen.

Ich konnte nicht nachvollziehen, warum meine Lehrerin nicht erkannte, dass ich Hilfe brauchte. Mir selbst war es zu peinlich, um Hilfe zu bitten, weil es bedeutet hätte, mich vor Leuten verletzlich zu machen. Außerdem dachte ich, dass die Leute um mich herum bestimmt schon genug mit ihren eigenen Problemen beschäftigt wären und sicher kein echtes Interesse daran hätten, mir zu helfen. Schlussendlich war ich davon überzeugt, dass die anderen mir nicht helfen würden, selbst wenn es offensichtlich war, dass ich Hilfe brauchte.

Ich glaube, dass man viel zu häufig falsche Schlussfolgerungen zieht, was zwangsläufig zu negativen Konsequenzen führt. Und schon befindet man sich auf einem Weg, den man gar nicht gehen wollte oder der einem nicht gut tut. So wie mein Problem eigentlich leicht zu lösen gewesen wäre, für mich aber zu einem unüberwindbaren Berg wurde. Aus dem glücklichen, normalen Kind, das ich gewesen war, wurde innerhalb eines Jahres ein unglücklicher und vom Leben frustrierter kleiner Mensch.

Am Ende des Jahres sehnte ich mich so sehr danach Ermutigung zu erfahren, dass ich mich bis heute an einen vermutlich beiläufig gesagten Satz des Hausmeisters meiner Schule erinnere. Damals sollte ich anlässlich einer Klassenfeier dabei helfen, Essen und Getränke zu organisieren. Als ich in der Turnhalle nach einigen Gegenständen für den Aufbau suchen musste, half mir der besagte Hausmeister dabei. Gegen Ende meinte er, dass ich meine Sache seiner Meinung nach gut machen würde. Für ihn war es vielleicht nur ein nebenbei fallengelassener Kommentar, mir aber bedeutete es so viel mehr!

Glücklicherweise war ich von Natur aus ein wahrer Optimist. Meine Willensstärke half mir, mich dafür zu entscheiden, nicht deprimiert zu sein, sondern mich ganz im Gegenteil auf die Suche nach einem außergewöhnlichen Leben zu begeben. In mir war die Sehnsucht, etwas Besonderes aus meinem Leben zu machen. Etwas, das mich so begeistern würde, dass ich bereit wäre, alles andere fallen zu lassen, nur um für diese eine Sache zu leben. Ich wusste, dass ich dieses Leben irgendwie, irgendwo, irgendwann finden würde.

Leider lief alles nicht so, wie ich es mir erhofft hatte. Ich versuchte zwar, mich in verschiedenen Sportarten und Gruppen der Schule einzubringen, konnte aber keine Erfolge aufweisen. Ich hätte jedoch Erfolge sehen müssen, um an einer Sache dranzubleiben. Sah ich diese nicht sofort, gab ich lieber auf, um ja kein Scheitern zu riskieren. Die Schule war einfach zu groß, als dass ich mich von der Masse der anderen Schüler hätte absetzen können, ohne jemals etwas zu wagen. Doch daran war bei meinem Mangel an Selbstvertrauen gar nicht erst zu denken. Alles, was mir fehlte, war eine Person, die mich ermutigte. Jemand, der zu mir kam und mir sagte, dass ich es gut machte und sicherlich bald erfolgreich sein würde, wenn ich nur nicht aufgäbe. Unglücklicherweise hatte ich so jemanden nicht an meiner Seite. Oder ich ließ es nicht zu, dass mir jemand auf diese Art und Weise half. Ich war in einem Teufelskreis gefangen, indem ich darauf bestand, alleine zu kämpfen. Dabei hasste ich die Einsamkeit, und diese abwärts gehende Spirale geriet mir außer Kontrolle. Ich wollte Erfolg haben, war aber nicht bereit um Hilfe zu bitten. Aber ohne Hilfe konnte ich auch nicht erfolgreich sein.

Ich nahm nicht mehr wahr, dass mein Leben an sich gar nicht so schlecht war, denn ich hatte mich bereits zu weit zurückgezogen. Während dieser Zeit meiner Einsamkeit, als mir das Leben so schwer und erdrückend vorkam, lernte ich Sheri kennen. Sie war nicht nur die perfekte Freundin, liebevoll und loyal, sondern wurde für mich wie eine Schwester. Jedoch nicht einmal diese einzigartige Freundschaft konnte mir die Augen über die Realität meines Lebens öffnen. So sehr war ich in meinen negativen Gedanken gefangen.

Mit der Zeit wurde mir bewusst, dass meine Entscheidungen einen direkten Einfluss auf mein Leben hatten, so wie mich auch der Entschluss, nicht um Hilfe zu bitten, prägte; mittlerweile kritzelte ich andauernd das Wort aufgeben vor mich hin. Es war mir nicht einmal bewusst, aber es spiegelte exakt meine quälenden Gedanken wider. Kam es mir doch so vor, als würde nichts, was ich anpackte, gelingen, und dass ich genauso gut von vornherein aufgeben könnte.

Daran änderte sich auch nichts, als ich in der sechsten Klasse lernte, meine Angst vor anderen zu verstecken, denn es bedeutete ja nicht, dass ich keine mehr gehabt hätte. Für mich ging es nach außen hin darum, mir nichts anmerken zu lassen. So unvorstellbar es sein mag, bewirkte dieses eine Jahr schlechter Erfahrungen, dass ich bis hin zu meiner Zeit an der Uni sowohl ein falsches Bild von mir selbst hatte als auch von dem, wie andere mich wahrnahmen. Aus meiner Sicht als Jugendliche war ich gescheitert und hatte keine Ahnung, was ich an dieser Situation ändern könnte. Dabei sehnte ich mich doch sehr nach einem Neubeginn und wollte mich selbst wieder so sehen wie früher.

Ich frage mich, wie viele Leute ähnliche Erfahrungen machen wie ich damals?! Wie vielen es wohl so scheint, als müsste das Leben eigentlich einfach sein, selbst aber nicht zurechtkommen. Wie jeder andere Jugendliche wollte ich einfach nur dazugehören, ein paar gute Freunde haben und in der Schule gute Noten erzielen. Warum klappte das nicht?

In meiner Lage wäre die Lösung ziemlich einfach gewesen. Hätte ich mich jemandem anvertraut, wäre diese Person in der Lage gewesen, mir zu sagen, dass es darauf ankommt, nicht aufzugeben, wenn man entmutigt ist. Dass man über Probleme sprechen sollte, um sie aus einem anderen Blickwinkel betrachten zu können. Und wenn sich trotzdem nichts verbessern würde, sollte man sich nicht unterkriegen lassen, da es genügend andere Sportarten und Gruppen gäbe, in denen man sein Glück versuchen könne. Aber weil ich mit niemandem darüber redete, konnte mir nicht geholfen werden. Ich hoffte auf Veränderung, unternahm jedoch nichts dafür. Denn obwohl ich mich nach diesem außergewöhnlichen Leben sehnte, von dem ich so weit weg zu sein schien, fühlte ich mich innerlich wie gelähmt.

Während dieser Zeit machte ich eine weitere Erfahrung, aus der ich hätte lernen sollen, wie gut und wichtig es ist, sich Leuten gegenüber zu öffnen.

Durch den Tod eines Onkels und dessen Beerdigung wurde ich zum ersten Mal bewusst mit dem Thema Tod konfrontiert. Der Anblick meines toten Onkels hatte sich in meinem Kopf festgesetzt und sorgte dafür, dass ich permanent über den Tod nachdachte. Je mehr ich das tat, desto mehr Angst baute sich in mir auf. Wenn ich meine Familie über alltägliche Sachen reden hörte, wünschte ich mir, endlich diese furchtbaren Gedanken loszuwerden, um mich wieder auf die schönen Seiten des Lebens konzentrieren zu können. Selbst als ich abends aus Angst vor meinen Gedanken, die um den Tod kreisten, nicht mehr ins Bett gehen wollte, war ich nicht bereit, mich jemandem anzuvertrauen. Lieber achtete ich darauf, nicht als Letzte ins Bett zu gehen, damit es nicht so still um mich herum war und die Gedanken dementsprechend nicht so stark auf mich einstürmen konnten. Eines Nachts jedoch waren die Gedanken so erdrückend, dass ich nicht anders konnte, als meine Mutter aufzuwecken. In dieser Nacht weihte ich sie in meine Ängste ein, und dann beteten wir miteinander. Ich konnte es gar nicht glauben, als ich danach spürte, dass die Ängste und Gedanken wie weggeblasen waren und nie wieder kamen. Von dieser Nacht an hatte ich einen solchen Frieden über das Thema Tod wie wohl kaum ein anderer meiner Freunde.

Leider lernte ich nichts aus diesem positiven Erlebnis mit

meiner Mutter. Etwas in mir schien gegen mich zu arbeiten. Ich war davon überzeugt, dass die Menschen um mich herum nie für mich da sein würden und ich deshalb meine Unabhängigkeit wahren müsste. Damit hatte ich wieder einmal eine Festlegung getroffen, die meinen Lebensweg massiv prägte!

Kurz darauf schien ich in meinem Entschluss bestätigt zu werden. Eine Freundin und ich hatten beschlossen, Basketball spielen zu lernen, waren aber anfangs noch etwas nervös. Deshalb dachte ich mir, dass es eine gute Idee sei, zusammen zu üben, um ein bisschen entspannter zu werden. Sie allerdings wollte lieber alleine trainieren und konnte keinerlei Störung gebrauchen. Dieses Mädchen war wirklich keine unfreundliche Person, sondern eine gute Freundin, und ich weiß nicht, warum mich ihre Absage so sehr traf, aber von da an stand für mich definitiv fest, dass ich niemals mehr jemanden um Hilfe bitten würde. Ich musste davon ausgehen, dass Menschen mich immer wieder enttäuschen würden. Daraus schlussfolgerte ich wiederum, dass ich stark genug werden müsste, um mir selbst zu helfen. Die Lösung lag für mich darin, von anderen Leuten unabhängig zu werden. Wollte ich etwas erreichen, müsste ich das eben alleine schaffen. Ich begab mich nicht in eine Opferrolle, sondern sah das Ganze als Herausforderung. Ich war schließlich ein Mensch wie jeder andere, und wenn ich den Menschen von Natur aus als egoistisch einstufte, schloss ich mich logischerweise ein. Es kam daher darauf an, klug mit der Situation umzugehen.

Meine Eltern hatten mir von klein auf viel von Gott erzählt. Ich glaubte daher an ihn und daran, dass er ein außergewöhnliches Leben für mich bereit halten würde. Trotzdem schaffte ich es nicht, aus dem Kreislauf meiner negativen Gedanken auszubrechen, um herauszufinden, wie ich dieses besondere Leben ergreifen könnte. Nicht einmal die Freunde aus meiner christlichen Jugendgruppe konnten etwas an meinem Selbstbild ändern. Ab und an gewährte mir Gott dennoch einen kleinen Blick auf seinen Plan für mich, obwohl ich die Situationen damals noch nicht als solche einordnen konnte.

Eines dieser Erlebnisse hatte ich, als wir mit unserer Jugendgruppe beschlossen, in ein Einkaufszentrum zu fahren, um dort mit

Leuten über Gott zu reden. Wir machten das nicht zum ersten Mal, und so setzte ich mich alleine neben ein Mädchen, das ungefähr in meinem Alter war. Ich fing an, ihr von meinem Glauben zu erzählen, und noch ehe ich mich versah, wollte sie auch an Gott glauben.

Ein anderes Mal wurde ich gefragt, ob ich bereit sei, vor einer Gruppe von Leuten über meine Beziehung zu Gott zu reden. Was ich an diesem Tag in meinen Worten spürte, war überraschenderweise keine Nervosität, sondern Gottes unglaubliche Kraft.

Zu der Zeit begegnete mir die Bibelstelle aus Apostelgeschichte 2,42-47, die das Leben der ersten Christen beschreibt.

> Sie alle widmeten sich eifrig dem, was für sie als Gemeinde wichtig war: Sie ließen sich von den Aposteln unterweisen, sie hielten in gegenseitiger Liebe zusammen, sie feierten das Mahl des Herrn, und sie beteten gemeinsam. Alle Menschen in Jerusalem wurden von ehrfürchtiger Scheu ergriffen; denn Gott ließ durch die Apostel viele Staunen erregende Wunder geschehen. Alle, die zum Glauben gekommen waren, bildeten eine enge Gemeinschaft und taten ihren ganzen Besitz zusammen. Von Fall zu Fall verkauften sie Grundstücke und Wertgegenstände und verteilten den Erlös unter die Bedürftigen in der Gemeinde. Tag für Tag versammelten sie sich einmütig im Tempel, und in ihren Häusern hielten sie das Mahl des Herrn und aßen gemeinsam, mit jubelnder Freude und reinem Herzen. Sie priesen Gott und wurden vom ganzen Volk geachtet. Der Herr aber führte ihnen jeden Tag weitere Menschen zu, die gerettet werden sollten.

Ich liebte den Gedanken, mit anderen in einem bedeutungsvollen Leben voller Wunder zusammenzuarbeiten. Vor allem in der Gewissheit, dass alles von Gott kommt und er die Fäden in der Hand hält. Beim Lesen dieser Verse hatte ich das gleiche Gefühl wie damals, als mein Pastor in Texas durch die Berührung Gottes auf der Kanzel weinte. Sie gaben mir wieder die Gewissheit, dass Gott ein besonderes Leben für mich vorbereitet hatte, das irgendwo darauf wartete, von mir gefunden zu werden, ich wusste nur noch nicht wie.

Es kam der Zeitpunkt, zu dem ich mich bei Universitäten bewerben musste. Es ging mir in dieser Phase recht gut, und so konnte ich gegen die bekannte Stimme in meinem Kopf ankämpfen. Wie gewöhnlich versuchte sie mir einzureden, dass ich bestimmt nirgendwo angenommen werden würde und ich es in meinem Leben zu nichts bringen würde. Ich hatte es ja bis jetzt auch zu nichts gebracht, wieso sollte sich das in Zukunft ändern. Meine Freude war umso größer, als ich bei der christlichen Uni, die nicht weit weg lag und bei der ich mich beworben hatte, angenommen wurde.

Kurz vor meinem Umzug geschah dann etwas, was mir meiner Ansicht nach wieder einmal bestätigte, dass ich ein Versager war. Ich verursachte mit meinen Brüdern im Auto einen Autounfall, bei dem zwar niemand verletzt wurde, das Auto aber einen Totalschaden hatte. Abgesehen davon, dass ich mich schrecklich fühlte, konnte ich nachts nicht mehr schlafen und wusste nicht, wie ich mit der Situation umgehen sollte. Die einzige Lösung, die ich sah, war so schnell wie möglich von zu Hause weg an die Uni zu ziehen. Gleichzeitig entschied ich mich, meinen negativen Gedanken nicht mehr nachzugeben, sondern gegen sie anzukämpfen. Diese Entscheidung war wahrscheinlich ein Schlüsselereignis, das meine Richtung für die folgenden Jahre bestimmte. Und tatsächlich fühlte ich mich bei der Ankunft am Campus so, als wäre mir eine Last von den Schultern gefallen. Endlich konnte ich mich frei bewegen! Fast wie ein Kind, das auf einmal tun und lassen kann, was es will, ohne ständig auf Verbote achten zu müssen. Vor allem konnte ich in all dem deutlich Gottes Gegenwart spüren. Es war, als nähme er mich in seinen Arm und sagte zu mir: „Von jetzt an wird alles okay sein. Du brauchst dir keine Sorgen mehr zu machen, denn ich übernehme die Leitung."

3

Mit völlig neuen Augen

Als ich klein war, glaubte ich wie jedes kleine Mädchen, dass mir nichts unmöglich sei. Diesen Glauben bewies ich gleich darin, dass ich es schaffte, einen Platz in der Welt meiner Brüder zu finden. Wenn man in einer Familie das einzige Mädchen ist, muss man sich zwischen zwei Optionen entscheiden. Entweder steht man dazu, als Mädchen anders zu sein und versucht gar nicht erst sich anzupassen, oder man versucht mit den Brüdern mitzuhalten und ihnen in allem gleich zu sein. Für mich stand von Anfang an fest, dass ich es schaffen würde dazuzugehören und mich niemand und nichts davon abhalten könnte. In meiner Art lag fast etwas Kämpferisches. Ich war nicht nur davon überzeugt, dass ich alles machen könnte, was die Jungs machten, sondern ich versuchte in allem mindestens gleich gut, wenn nicht noch besser zu sein. Spielten wir zum Beispiel Baseball, trainierte ich solange, bis ich mein selbstgesetztes Ziel erreicht hatte. Es war dieser starke Wille, den ich entwickelt hatte, der mir sagte, dass ich mir niemals von jemandem sagen lassen wollte, irgendetwas nicht machen zu können, nur weil ich ein Mädchen war!

Mit der Zeit fing ich an daran zu zweifeln, ob mir wirklich alles möglich wäre. Mit den wachsenden Zweifeln sank wiederum mein Selbstvertrauen. Es war nicht so, als wollte ich aufhören nach einem besonderen Leben zu streben, mir stellte sich eher die Frage, ob ich es alleine schaffen würde. Zu allem Überfluss verschlechterte sich genau zu der Zeit das Verhältnis zwischen meinem ältesten Bruder und mir. Ich kann nicht einmal genau erklären, wie das passierte. Mir kam es aber so vor, als hätte er kein Interesse mehr daran gehabt, mir in Dingen zu helfen, weil er genug mit seinen eigenen Problemen zu tun hatte. Natürlich wünschte ich mir eine gute Beziehung zu meinem Bruder, weshalb die Veränderung ein Grund mehr für mich war, entmutigt zu sein. So lebte jeder sein eigenes Leben und ich entschied zum wiederholten Male, dass ich mich nur auf mich selbst verlassen durfte. Daher redete ich, wie bisher auch, mit niemandem darüber. Schlussendlich bekam mein Kinderglaube daran, dass alles möglich sei, einen gehörigen Knacks. Er war zwar nicht zerstört, jedoch eindeutig beschädigt, so dass ich mich damals wie zwischen zwei Welten stehend sah. Der Welt, in der ich alles machen und erreichen könnte und einer Welt, in der ich fürchtete, dass meine Träume vielleicht niemals wahr werden würden.

Mit meinem Neustart an der Uni ließ ich auch den Pessimismus hinter mir. Ab jetzt wollte ich nach vorne gucken und nahm mir vor wieder an mich selbst zu glauben, Selbstvertrauen aufzubauen und groß zu träumen. Obwohl ich mir immer noch vornahm, niemals auf andere angewiesen zu sein, wollte und brauchte ich Leute um mich herum, um so viel wie möglich zu erleben. Andere kennenzulernen, war für mich der erste Schritt in diese Richtung. Auf dem Campus kannte mich niemand und wusste niemand, wie sehr ich an mir zweifelte oder wie häufig ich bereits versagt hatte. Es war die große Chance für mich, als einfaches, lebenslustiges Mädchen wahrgenommen zu werden.

Für mich war jede Person, die Gott damals in mein Leben brachte, ein Geschenk. Denn mit jeder dieser einzigartigen Persönlichkeiten lernte ich neue Seiten des Lebens kennen. Das entsprach meinem Wunsch, so viel wie möglich erleben und mitnehmen zu können. Bei allen Unterschiedenfand ich in jeder Person Züge, die ich auch bei mir finden konnte. Ich entdeckte meine Liebe für dramatische und lebhafte Personen. Ich bewunderte solche, die sich nicht scheuten selbst zu denken und sich außerdem gut ausdrücken und gut kommunizieren konnten. Es inspirierten mich besonders alle, die genau wussten wo sie hinwollten und zielgerichtet darauf zusteuerten. Wie bereichernd war es doch, Zeit mit solchen Leuten zu verbringen, die grundsätzlich anders waren als ich. In jedem begegnete mir ein weiteres Beispiel dafür, wie das Leben auch noch aussehen könnte. All das ließ in mir meine frühere Erregtheit über das Leben erblühen. Ich lernte nicht nur täglich neue Leute kennen und erlebte jeden Tag aufs Neue aufregende Sachen, sondern wurde stetig selbstbewusster. Meine Gedanken darüber, dass ich kein besonderes Leben haben würde, waren wie weggeblasen.

Eine meiner ersten Bekanntschaften an der Uni war ein Mädchen, das sowohl intelligent als auch kreativ war. Sie erzählte mir zum Beispiel von spektakulären und dramatischen Reden, die sie an ihrer alten Schule gehalten hatte. Das imponierte mir sehr, weil ich dachte, wie wunderbar es sein muss, so viel Selbstbewusstsein zu haben, dass man sein und tun konnte was man wollte. Hinzu kam, dass sie nicht wie alle anderen dachte. Eines Tages, als wir zusammen Mittag aßen, teilen sie mir mit, dass Essen ihrer Meinung nach eine der Tätigkeiten sei, die den Menschen am stärksten demütige. Natürlich fand ich es witzig, hatte ich Essen doch noch nie aus diesem Blickwinkel betrachtet, aber es war ein Ausdruck ihrer Art zu denken, und das mochte ich.

Dass ich die Einzigartigkeit von Leuten liebte und mich desto stärker zu ihnen hingezogen fühlte, je mehr sie sich von mir unterschieden, fiel mir besonders auf, als ich eine Gruppe in Autos vernarrte Jungs kennenlernte. Sie verbrachten unglaublich viel Zeit damit, an ihren Autos herumzuschrauben und in ihnen herumzufahren. Ich kann nicht behaupten, dass ich ihre Begeisterung nachvollziehen konnte, aber ich fand es trotzdem interessant sie kennenzulernen, weil sie schlichtweg anders waren als ich.

Eine andere Gruppe von Leuten, mit denen ich Zeit verbrachte, schauspielerte in einem Theater in der Stadtmitte. Sie sagten, ich würde sie an Lauren Bacall erinnern, was ich als Kompliment auffasste, obwohl ich mir der Bedeutung nicht sicher war. Ich mochte es, wie sie das alltägliche Leben in etwas Aufregendes und Dramatisches verwandelten. Ihr Verhalten wurde von ihren Emotionen bestimmt, weshalb ich häufig beobachten konnte, wie sie sich gegenseitig verletzten. Hatten sie beziehungstechnisch in dem einen Moment die stärksten Gefühle für den Partner, konnten diese im nächsten Moment völlig verschwunden sein. Danach gingen sie auf der Suche nach dem nächsten emotionalen Kick hin, wo auch immer das Leben sie hintrug. Egal, was passiert war, ob der eine den anderen verletzt oder benutzt hatte, es schien als sei nichts vorgefallen. Einmal musste ich miterleben, wie eine meiner Freundinnen sehr verletzt wurde und das gefiel mir gar nicht. Grund genug für mich, darüber nachzudenken, was es bedeutete, einer Person gegenüber loyal zu sein. Ich entschied, dass ich jemand sein wollte, auf den man sich verlassen konnte.

Ein anderer Kerl, den ich traf, hatte ein Motorrad und lud mich zu einer Spritztour ein. Während dieser erzählte er mir von seinen Plänen, ein Prediger zu werden. Da er den Eindruck erweckte in seinem Ziel sicher zu sein, zweifelte ich keinen Moment an dessen Umsetzung. Ich wünschte mir selbst ein ebenso klares Ziel für mein Leben, frei von jeglichen Zweifeln. Eines Tages kam er auf mich zu, um mir zu sagen, dass er sich anstatt für mich nun für ein anderes Mädchen als seine zukünftige Ehefrau entschieden habe. Hatte ich vorher nicht einmal geahnt, dass er mich in Betracht zog, so muss ich gestehen, dass ihm die Überraschung gelungen war. Naja, immerhin schmeichelte es mir, dass er mich in Erwägung gezogen hatte.

Und so erinnere ich mich an einen Moment in meiner Wohnung, in dem ich in einen großen Spiegel guckte und zu meiner Überraschung feststellte, dass ich recht gut aussah. Nachdem ich dem falschen Bild über mich so viele Jahre lang Glauben geschenkt hatte, sah ich mich an diesem Tag im Spiegel mit völlig neuen Augen. Daraufhin fing ich an mich zu verändern. War ich mir anfangs noch unsicher, ob Gott mir wirklich helfen könnte, merkte ich recht schnell, wie er mich innerlich heilte. Er schien mein Bestes zu wollen und war sogar bereit mich zu fördern. Gott hatte schon lange ein Leben für mich geplant und wartete nur darauf, dass ich es ergriff.

Eines Tages erzählte uns einer der Professoren, dass er vor einem Schuhkauf mit Gott über die Schuhe geredet habe und jetzt davon überzeugt sei, die richtige Wahl getroffen zu haben. Obwohl ich dachte, dass dies etwas komisch sei, weil ich mich fragte, ob für Gott die Entscheidung zwischen braunen oder schwarzen Schuhen einen Unterschied machte, wollte ich Gott doch genauso nah sein wie mein

Professor. Gott schien in seinem Leben real zu sein und nicht nur den Platz einer religiösen Idee einzunehmen. Während ich ihn in der nächsten Zeit beobachtete, stellte ich fest, dass er sich wesentlich von anderen unterschied. Seine Beziehung zu Jesus beeinflusste jeden Tag und jeden Aspekt seines Lebens. Seien es seine Gedanken oder Beziehungen zu anderen Menschen, einfach gar nichts blieb unbeeinflusst von Gott. Für mich stand fest, dass ich genau diese Art von Beziehung mit Gott haben wollte.

Kurze Zeit später kam ein Mann namens Floyd McClung als Gastredner an unsere Uni, um uns von seiner Arbeit mit „Jugend mit einer Mission" (JMEM) in Amsterdam zu erzählen. Irgendetwas zog mich an der besonderen Art des Lebens, das Gott ihm gegeben hatte, an. Er und die Leute, mit denen er zusammenarbeitete, suchten ebenso nach der Wahrheit, wie ich es tat. Während er sprach, verschwand die Welt um mich herum und ich hatte das Gefühl, die einzige Person im Raum zu sein. Es war ein unglaublich intensiver Moment, in dem Gott ganz eindeutig zu mir sprach. Dabei ging es nicht um Floyd McClung an sich - kann ich mich doch nicht einmal genau daran erinnern, was er uns sagte - nein, es ging darum, dass ich gerade den Augenblick erlebte, auf den ich solange gewartet hatte. Es war der Zeitpunkt, an dem sich mein Leben veränderte!Ich fühlte mich nach Holland gerufen! Ich wusste, dass ich meine Berufung verfehlen würde, ginge ich nicht dorthin - wobei ich mir zu dem Zeitpunkt gar nicht sicher war, was genau eine Berufung war. Ich wusste einfach, dass ich das von Gott für mich geplante Leben verpassen würde, wenn ich diesen Schritt nicht gehen würde.

Als er fertig geredet hatte, suchte ich mir einen Platz, an dem ich mit Gott allein sein konnte. Während ich betete, setzte Gott um, was er in Jakobus 1,5-8 verspricht.

> Wenn es aber unter euch welche gibt, die nicht wissen, was sie in einem bestimmten Fall tun müssen, sollen sie Gott um Weisheit bitten, und Gott wird sie ihnen geben. Denn er gibt sie allen gerne, ohne ihnen Vorwürfe zu machen. Sie müssen Gott aber in festem Vertrauen bitten und dürfen nicht zweifeln. Wer zweifelt, gleicht den Meereswogen, die vom

Wind gepeitscht und hin und her getrieben werden. Solche Menschen können nicht erwarten, dass sie vom Herrn etwas empfangen; denn sie sind in sich gespalten und unbeständig in allem, was sie unternehmen.

Er wusste, dass ich versucht hatte alleine meinen Weg im Leben zu finden, daran aber kläglich gescheitert war und ich mich deshalb nicht mehr auf meine eigene Weisheit verlassen wollte. Daher erfüllte mich Gott mit der tiefen Zuversicht, dass er meine Gedanken leiten würde. Dies wurde mit der Zeit einer der vielen Wege Gottes, mit mir zu reden.

In dieser Zeit genügte es mir, ein gutes Lebensgefühl zu haben und die Gewissheit, dass Gott mich leitete und dafür Sorge trug, dass alles gut laufen würde. Ich kam erst einige Jahre später auf die Idee, Gott zu fragen, warum ich als Kind so viel Einsamkeit und Verwirrung erleiden musste. Beim Nachdenken darüber wurde mir die Bedeutung von Johannes 15,5-6 bewusst.

Ich bin der Weinstock und ihr seid die Reben. Wer mit mir verbunden bleibt, so wie ich mit ihm, bringt reiche Frucht. Denn ohne mich könnt ihr nichts ausrichten.

„Reiche Frucht", das hörte sich nach meinen Wünschen an. Ich wollte schließlich ein außergewöhnliches Leben führen. Vers 6 hingegen spricht davon, was passiert, wenn man versucht, ohne Gott zu leben.

Wer nicht mit mir vereint bleibt, wird wie eine abgeschnittene Rebe fortgeworfen und vertrocknet. Solche Reben werden gesammelt und ins Feuer geworfen, wo sie verbrennen.

Es klingt vielleicht dramatisch, aber als Jugendliche hatte ich nicht das Gefühl als leite mich Gott und daher fühlte ich mich wie eine dieser fortgeworfenen, sterbenden Reben. Ich erwartete so viel vom Leben, wusste aber nicht, was ich tun konnte, um überhaupt irgendetwas zu erreichen. Vor allem, weil ich immer versucht hatte meinen Weg alleine zu finden. Tatsache war jedenfalls, dass ich ohne

Gott nichts erreichen konnte, mir Lukas 18,27 aber versprach, dass Unmögliches durch Gott für mich möglich wird. Daraus schlussfolgerte ich, dass ein Mensch, bevor er richtig anfangen kann zu leben, bevor er das außergewöhnliche Leben ergreifen kann, erst bereit sein muss alle Bereiche seines Lebens an Gott zu übergeben und sich als Ganzes hinzugeben.

Als ich nun also wegen meiner Vergangenheit bei Gott nachfragte, glaubte ich auf einmal zu verstehen, warum ich durch diese Zeit gegangen war: Ich musste begreifen, wer ich ohne Gott wäre. Für meinen weiteren Weg war es wichtig, von der Illusion befreit zu werden, ohne Gott leben zu können. Ohne ihn ein außergewöhnliches Leben führen zu können. Er war es, der mir einen starken Willen und Entschlossenheit gegeben hatte, aber er wollte auch, dass ich ihm diese übergab. Andernfalls hätte ich das außergewöhnliche Leben, nach dem ich suchte, nicht leben können. Anscheinend brauchte ich die schwere Zeit meiner Kindheit und Jugend, um zu sehen, dass ich ohne Gott nicht leben, sondern scheitern würde. Denn erst danach war ich bereit, ihm hundert Prozent meines Lebens hinzugeben. Als ich diese Tatsache erkannte und die Führung meines Lebens an Gott abgab, fing er augenblicklich an mir seine Pläne für mein Leben Stück für Stück zu entfalten. Ich wusste, dass Gott mich in Amsterdam haben wollte. Ich wusste auch, dass Einsamkeit und das Gefühl der Verlorenheit nicht zu seinem Willen für mich gehörten. Alles würde Sinn machen, wenn ich ihm vertrauensvoll folgte und nicht an seinen Worten zweifelte. So ging ich mit dem Vorhaben zurück zur Uni, dass ich, was immer es kosten wolle, nach Amsterdam gehen würde.

Bereits am ersten Tag, nachdem Floyd McClung gesprochen hatte, nahm ich meine Umgebung völlig verändert wahr. Jedes Wort, das ich hörte und jede Sache, die ich sah wirkte klar und hatte an Schärfe gewonnen. Ich verstand es als Gottes Weg, mir zu zeigen, dass er tatsächlich zu mir gesprochen hatte und ich mir das Geschehene nicht bloß eingebildet hatte. Er bestätigte mir, dass mein Leben von jetzt an nie mehr so sein würde wie zuvor, weil ich mich dazu entschieden hatte, Gott in der Leitung meines Lebens zu vertrauen. Ich wusste zwar noch nicht, wohin es gehen würde, außer irgendwann nach Holland, aber ich hatte mich entschlossen Gott zu folgen. Bis er sich klarer über Amsterdam äußern würde, ging ich eben weiterhin zur Uni.

Ungefähr zu dieser Zeit lernte ich einen Kerl kennen, den ich sehr mochte. Bis dahin war ich noch nie jemandem begegnet, bei dem ich ernsthafte Gefühle hatte, aber diesmal war es anders. Er war unkonventioneller als alle anderen Männer, die ich kannte und außerdem mochte ich es sehr, Zeit mit ihm zu verbringen. Obwohl ich die vage Vermutung hatte, dass er nicht der Richtige für mich war, war ich glücklich und redete mir ein, dass es nicht so schlimm sein könnte, eine Beziehung mit ihm zu haben. Ich mochte ihn bereits zu sehr, als dass ich den Absprung geschafft hätte. Anscheinend sollte diese Freundschaft wirklich nicht Teil meines Lebens sein, denn Gott schaltete sich ein, bevor das Ganze noch ernsthafter werden konnte. Für mich macht keine andere Erklärung einen Sinn, als dass Gott dafür sorgte, dass dieser Kerl aus meinem Leben verschwand. Denn er sagte eines Tages einfach, dass er sein Studium abbrechen würde. Er ließ sich kurz darauf auch nicht mehr blicken.

Ich war am Boden zerstört und hatte jegliche Motivation, zur Uni zu gehen, verloren. Da kam ich an diesen Ort, um einen neuen Anfang zu erleben, aber wusste durch diesen Kerl auf einmal nicht mehr, was ich überhaupt wollte. Folglich startete ich klägliche Versuche, um ihn wiederzusehen. Ich initiierte ein paar Treffen, wobei er nicht jedes Mal auftauchte und ich somit immer wieder von neuem verletzt wurde. Trotz dieses Verhaltens dauerte es einige Zeit, bis ich es schaffte, endgültig loszulassen, was mir klarmachte, wie tief ich mich vorher emotional auf ihn eingelassen hatte. Ich hoffte noch das ganze folgende Jahr darauf, dass irgendetwas passieren würde, was ihn dazu veranlasste, zurückzukommen. Es machte lange Zeit keinen Sinn für mich, dass nichts dergleichen geschah.

Nachdem einige Zeit vergangen war, fing ich an, langsam zu erkennen, dass er nicht gut für mich gewesen wäre. Noch etwas später war ich Gott sogar dankbar, dass er für ein Ende dieser Beziehung gesorgt und mich vor einem großen Fehler bewahrt hatte, auch wenn ich durch eine schwere Zeit gehen musste. Allerdings wusste er, wie sehr ich mich danach sehnte, das Beste zu ergreifen, was er mir geben wollte und nicht weniger. Im Nachhinein ist es natürlich leicht zu sagen, wie glücklich ich mich darüber schätzen konnte, dass Gott mein Herz kannte. Mein Wunsch war ihm zu folgen! Dafür musste er mir während einer Zeit, in der ich nicht dazu fähig war, die richtigen Entscheidungen zu treffen, helfen, mich vor meiner eigenen Dummheit zu schützen, damit ich auf seinem Weg bleiben konnte.

Meiner Erfahrung nach passiert es häufiger im Leben, dass Gott uns zu einem Schritt des Gehorsams auffordert und der Teufel prompt einen Weg findet um störend dazwischenzufunken. Wir sollten uns dieses Musters bewusst werden und uns davor in Acht nehmen, wenn wir wirklich das von Gott für uns geplante außergewöhnliche Leben ergreifen wollen.

So startete ich, immer noch enttäuscht, mein zweites Jahr an der Uni. Dort erwartete mich eine neue Zimmermitbewohnerin, die in den kommenden Monaten einen starken Einfluss auf mich haben sollte. Sie hatte sich bereits über alle nur möglichen Themen eine Meinung gebildet, ich hingegen war mir über so viele Dinge unschlüssig. Sie baute schnell den Kontakt zu ihren Professoren auf und diskutierte mit ihnen über Dinge wie die Kraft, die in der Auferstehung von Jesus steckt. Ich hingegen hatte gerade erst eine schwere Zeit hinter mir gelassen und fragte mich, ob ich jemals irgendwo ankommen würde. Folglich saßen wir teilweise Stunden zusammen um über alle nur denkbaren Themen zu diskutieren, sei es über ernste Sachen oder Themen wie Kleidung. Ich hatte davor noch nie darüber nachgedacht, in was für Anziehsachen ich besonders gut aussah oder nicht. Das hing vielleicht auch damit zusammen, dass ich ausschließlich Brüder hatte. Durch diese Gespräche entwickelte ich meine eigene Meinung über alle möglichen Themen und fand heraus, wie ich mein Leben leben wollte. Kein Unterricht konnte mir je in dem Maße weiterhelfen, wie diese Stunden zu zweit.

Gegen Ende des Jahres lernte ich einen sehr liebevollen und einfühlsamen jungen Typen kennen. Während der nächsten drei Jahre war er immer für mich da und ich erlebte ihn als besten Freund, den ich mir vorstellen konnte und der sicherlich einen wunderbaren Ehemann abgegeben hätte. Wäre ich uns beiden gegenüber jedoch ehrlich gewesen, hätte ich früher zugeben müssen, dass wir nicht füreinander bestimmt waren. Wir führten zwar eine angenehme Beziehung, hatten aber unterschiedliche Lebensvorstellungen. Während ich nach der Uni nach Amsterdam gehen würde, strebte er eine Arbeitsstelle in Amerika an. Heute sehe ich, wie viel ich verpasst hätte, wäre ich bei ihm geblieben, damals hingegen fiel es mir schwer, die Beziehung zu beenden. Was mich dann doch entschlossen machte, war das Ziel, endlich dafür frei zu sein, Gottes Plan für mein Leben ohne Ablenkung zu entdecken. Mit den Jahren musste ich häufiger miterleben, wie viel Unzufriedenheit Freunde von mir verspürten, die jemanden geheiratet hatten, der ganz andere Lebensziele verfolgte und daher nicht in die gleiche Richtung steuerte. Ich wusste, ich brauchte jemanden, der mit mir ging, wohin auch immer Gott mich zog.

Ich konnte viel aus der Zeit an der Uni mitnehmen. Ich wusste jetzt, dass Gott mich liebte. Ich wusste, dass ich mich nicht mehr einsam und verloren fühlen musste. Und was ich vor allem wusste war, dass der nächste Teil meines ersehnten außergewöhnlichen Lebens in Amsterdam stattfinden würde. Auf meine Jugend zurückblickend fand ich es manchmal schade, dass diese Zeit nicht leichter verlaufen war. In solchen Momenten wünschte sich ein Teil von mir, die Zeit zurückdrehen zu können um einige Sachen beim zweiten Mal anders zu machen. Dabei wusste ich, dass mich die vergangenen Erfahrungen näher zu Gott gebracht hatten. Es machte keinen Sinn, immer wieder zurückzugucken. Ich musste die Vergangenheit hinter mir lassen und nach vorne schauen. Mit diesem Wissen flog ich nach Amsterdam.

4 Das Cleft

Es war letztendlich doch nicht so leicht für mich nach Amsterdam zu gehen. Vor mir war noch keiner meiner Familie nach Europa gereist und alles was ich über Amsterdam wusste war, dass es die Sündenmetropole der Welt sein sollte und dass es dort einen Sitz von JMEM gab. Ich konnte das Gefühl nicht los werden, dass ich einen gravierenden Fehler machen würde, wenn ich Gottes Ruf aus mangelndem Mut ignorieren würde. Wollte ich etwa, weil ich ein Feigling war, verpassen, was Gott für mich in Amsterdam bereit hielt? Nein, also ging ich!

Die erste Station meiner Reise war eine achtstündige Busfahrt von Minnesota zum Flughafen von Chicago. Neben mir saß ein Medizinstudent aus Berkeley, mit dem ich mich die Fahrt über gut unterhielt. Durch diese Begegnung fühlte ich mich in meinem Vorhaben ermutigt und gewann an Optimismus. Ich wagte es, alleine einen Schritt zu gehen und erwartete mit Spannung, was kommen würde. In Chicago stand mir der Abschied von meinem mittlerweile dort hingezogenen Exfreund bevor. Weil wir so lange zusammen gewesen waren und er für mich immer noch Sicherheit und Geborgenheit verkörperte, war es nicht leicht mich endgültig von ihm zu trennen. Letztendlich stieg ich in dem Bewusstsein, woanders meinen Platz zu haben, in den Flieger nach Island, der zweiten Station meiner Reise. Das Ehepaar, das neben mir saß, stellte einen Kontrast zu dem Studenten aus dem Bus dar, da sie während des gesamten Fluges kein Wort mit mir wechselten. So viel zum Thema Optimismus und ein gutes Gefühl über die Reise zu haben; war ich eben noch glücklich und aufgeregt, fühlte ich mich nun einsam und meine Stimmung sank Richtung Tiefpunkt.

Der dritte Teil meiner Reise war der Flug nach Luxemburg. Dort wurde ich erst einmal von der Vielfältigkeit an Sprachen und Leuten, sowie dem geschäftigen Treiben überwältigt, wenn nicht sogar überfordert. Ich schaffte es dennoch irgendwie Geld einzutauschen und ein Zugticket für die sechsstündige Zugfahrt nach Amsterdam zu kaufen. Um halb 12 Uhr nachts lag Station vier meiner Reise hinter mir und die Innenstadt von Amsterdam vor mir. Dort stand ich nachts, müde, mit zwei lächerlich groß erscheinenden Koffern am Bahnhof und fragte mich, was ich mir da nur vorgenommen hatte. Jetzt musste ich noch zu JMEM finden. Ein Bahnangestellter half mir meine Koffer zu zwei Booten von JMEM zu bringen, die hinter dem Hauptbahnhof lagen. Von dort aus begleitete mich ein ziemlich schweigsamer Mann zum Cleft, dem Gebäude, in dem ich wohnen würde. Mir war seine Schweigsamkeit sogar recht, auf diese Weise war ich nicht gezwungen zu reden, sondern konnte all das Neue um mich herum aufnehmen. Ich erinnere mich heute noch, wie schön ich die Stadt mit ihren erleuchteten Kanälen an diesem Abend fand. Und das, obwohl uns der Weg durch eine Umgebung voller Sexshops, Prostituierten und Drogenabhängigen führte, da das Cleft mitten im Rotlichtviertel lag.

Als wir endlich beim Cleft ankamen, war ich vollkommen erschöpft. Das Einzige, woran ich mich erinnere ist, dass ich von den verschiedensten Leuten umarmt wurde und mich mal wieder fragte, in was ich da reingeraten war. Irgendjemand zeigte mir schließlich mein zukünftiges Zimmer. Das einzige freie Bett war die oberste Etage eines dreistöckigen Hochbettes, sprich direkt unter der Zimmerdecke. Ich war zu müde, um mir darüber Gedanken zu machen und dachte mir, dass ich mich schon an mein neues Zuhause gewöhnen würde. Somit kroch ich in mein Bett und schlief sofort ein.

Am nächsten Morgen erwartete mich ein Stück Kuchen zum Frühstück. Ohne unhöflich sein zu wollen, kam mir der Vergleich zu solchen Heimen und Anstalten in denen es bei besonderen Anlässen, ein kleines Schmankerl für jeden gibt. Ich fand es eben interessant,

Kuchen zum Frühstück zu haben und das äußerte ich leider auch. Die Blicke meiner Zimmermitbewohner sprachen meiner Meinung nach Bände. Bist du wirklich so schrecklich, wie du scheinst? Eine verwöhnte, taktlose Amerikanerin? Oh, ich war so wütend über mich selbst! Da war ich gerade erst angekommen und musste sogleich alles vermasseln. An diesem Tag lernte ich in Zukunft nachzudenken, bevor ich Sachen aussprechen würde.

Ohne zu verstehen warum, merkte ich, dass ich mich fehl am Platz fühlte und es nicht schaffte ganz ich selbst zu sein. Mit den Jahren verstand ich, dass es normal ist, sich in einer fremden Umgebung anfangs unsicher zu fühlen oder auch alles Neue auf den ersten Blick negativ zu beurteilen. Das findet ganz unabhängig davon statt, wie es an dem Ort wirklich ist. Das Bewusstsein darüber, dass es nach und nach definitiv besser wird, hilft einem meiner Meinung nach durch solch eine Zeit anfänglicher Schwierigkeiten hindurch. In dieser Phase kommt es darauf an, dass man sich den schwankenden Emotionen und negativen Gedanken nicht hingibt und ihnen vor allem keinen Glauben schenkt. So war es auch in Holland; ich brauchte nur ein bisschen Zeit um Müdigkeit und Jetlag hinter mir zu lassen und mich an die Unterschiede zu gewöhnen. Veränderungen bedeuten eben, dass man das loslassen muss, woran man gewöhnt ist und meiner Beobachtung nach haben sich immer die Leute am erfolgreichsten eingelebt, die diese Tatsache akzeptierten.

Um mich herum war allerdings niemand, der mir Tipps zu diesem Thema gab und somit musste ich eigene Erfahrungen machen um zu lernen. Zu meiner Verteidigung kann ich wohl sagen, dass es nach so einem einschneidenden Schritt völlig normal ist, sich nach etwas Vertrautem zu sehnen. Dementsprechend ließ ich zuerst einige Zeit vergehen, bevor ich meine neue Situation beurteilte. Ich musste eben erlernen diesem unguten Denken nicht nachzugeben und mich vor allem nicht von meinen Emotionen abhängig zu machen.

Nachdem ich meine Zimmermitbewohner erfolgreich beleidigt hatte, erfuhr ich, dass wir an diesem Tag einen evangelistischen Straßeneinsatz im Park organisieren würden. Ich wusste nicht, was mich dort erwartete, hoffte jedoch sehr, dass es besser verlaufen würde als mein Frühstück. Während des 45-minütigen Fußweges in Richtung Vondel Park hatte ich die Möglichkeit das Rotlichtviertel bei Tag kennen zu lernen. Wie konnten die Mädchen dort halb nackt stehen und ihre Körper an wildfremde Männer verkaufen?! Wie konnten sie sich so benutzen lassen? Ich konnte mir nicht einmal ansatzweise vorstellen, wie das Leben für sie in solch einer dreckigen und furchtbaren Umgebung aussehen musste.

Wir waren zwar als ganze Gruppe auf dem Weg zum Park, aber ich hielt mich vorsätzlich an die Mädchen. Ich wollte es gar nicht erst riskieren, wieder in eine Beziehung zu rutschen. Als ich mich gerade etwas weiter von einer Gruppe von Jungs entfernte, rief mir eine meiner Zimmermitbewohnerinnen hinterher, um mir einen Kerl vorzustellen, der aus der gleichen Stadt wie ich kam. So viel zu meinen Bemühungen, dachte ich und drehte mich in die Richtung, in die sie zeigte, um einen Blick auf den Typen erhaschen zu können. Ich war geschockt, als ich auf den ersten Blick feststellte, dass ich ihn tatsächlich kannte - David Pierce. Er und seine Eltern gingen in Amerika in die gleiche Kirche wie ich. Später fanden wir zusätzlich heraus, dass unsere Eltern sich schon seit der Uni kannten und mein Vater sogar einer von den Trauzeugen von Davids Vater gewesen war.

Wahrscheinlich hatten David und ich uns vorher nie getroffen, weil er ein paar Jahre älter war als ich. Seine Erklärung allerdings lautete, dass ich früher in der ersten Reihe der Kirche saß und er die letzte bevorzugte. Eine nette Definition für den Parkplatz hinter der Kirche, wo er seine Zeit während des Gottesdienstes verbracht hatte. Es war schön mit jemandem von zu Hause zu reden. Wir stellten fest, dass wir gleiche Leute kannten und ich sogar seine Schwester Patti. Am Park angekommen fragte mich David, ob er mir nach der Evangelisationsaktion Amsterdam zeigen sollte. Ich erinnerte mich noch einmal daran, dass ich kein Interesse an einer festen Beziehung hatte, war aber so froh über einen Grund, nicht sofort in das Cleft zurückgehen zu müssen, dass ich ja sagte. Wir planten kurz, was wir später machen würden, aber dann musste sich David auch schon wieder den Vorbereitungen für den Einsatz zuwenden. Für mich als Neue war es spannend zu sehen, wie so eine Straßenevangelisation ablief. Zuerst fing die Gruppe an Lieder zu singen und danach tauchte David auf um lauthals zu predigen. Eher gesagt, schreiend über Gott und die Beziehung, die er zu uns haben wolle, zu erzählen. Um ehrlich zu sein, war ich geschockt und das nicht nur, weil er beim Sprechen spuckte! Ich nahm mir zwar vor im Zweifelsfall zu diesem Predigtstil zu stehen, konnte jedoch leider nicht behaupten, dass er damit überragend erfolgreich zu sein schien. Im Anschluss an die Predigt verteilten sich unsere Gruppenmitglieder um mit den Leuten zu reden, die diesem scheinbar verrückten Kerl zugehört hatten. Wenigstens verlief dieser Teil des Einsatzes gut. Als wir fertig waren, suchte ich nach David und fand ihn in einem Gespräch mit einem anderen Mädchen. Er meinte es wohl doch nicht so ernst, dass er mir Amsterdam zeigen will. Doch noch bevor ich diesen Gedanken vertiefen konnte, kam David zu mir herüber und fragte mich, ob ich bereit wäre, um aufzubrechen. Sechs Stunden später war ich total erschöpft und wir hatten so viel geredet, dass ich beschloss ihn zu mögen. Trotz Predigtstils mit Spuckeinlage! So kam es, dass wir von diesem Abend an jede freie Minute zusammen verbrachten.

Ich liebte unsere regelmäßig stattfindenden Straßeneinsätze. Der Ablauf war immer der gleiche: entweder sangen wir als Gruppe oder zeigten ein kurzes Theaterstück, danach predigte jemand und dann verteilten wir uns, um mit den Leuten, die zugehört hatten, zu reden. Jemanden zum Reden zu finden, war für mich eine Herausforderung, die Spaß machte. Ich suchte mir üblicherweise ein Mädchen aus den Zuschauern heraus, auf die ich zuging, um sie nach ihrer Meinung über Schauspiel und Predigt zu fragen. Erst danach würde ich mich nach ihrem Leben und ihren Ansichten erkundigen. Gott verblüffte mich immer wieder aufs Neue, in dem er mir für jede einzelne Person, mit der ich sprach, eine unglaubliche Liebe schenkte. Durch diese Liebe sah ich mein Gegenüber nicht mehr als fremde Personan, sondern als Teil meiner Familie.

Mir wurde bewusst, wie sehr sich Gott wünschte, dass ich die Menschen mit seinen liebenden Augen ansah. Dass ich verstand, wie wichtig ihm jede einzelne Person war. So wichtig, dass er für jeden ein perfekt zugeschnittenes Leben geplant hatte. Ich liebte es, mich auf andere einlassen zu können, ohne ständig mit meinen eigenen Angelegenheiten beschäftigt zu sein. Später erkannte ich, was für ein besonderes Gefühl der Freiheit es ist, wenn man fähig ist, nicht nur um sich selbst zu kreisen. Während ich also mit den Leuten sprach, nahm ich gewöhnlich etwas von dem unglaublichen Plan wahr, den Gott für diesen Menschen hatte. Das war für mich eine ganz neue Erfahrung. Besonders, weil ich bis damals gedacht hatte, dass ich sehr schüchtern war. Nun stellte ich auf einmal fest, wie einfach es für mich war auf fremde Leute zuzugehen. Ich durfte nur nicht zu viel darüber nachdenken, ansonsten setzte ich mich unter Druck eine bestimmte Leistung zu erbringen. Dann fühlte ich mich, als müsste ich ein Evangelisationsroboter sein, der während eines Einsatzes zwanzig Bibeln verteilt und am besten nur maximal zwei Minuten braucht, um das gesamte Evangelium zu erklären. Das Einzige was ich wirklich tun musste, war mich zu entspannen und meinen Gegenüber als Freund zu sehen. Ich habe die Erfahrung gemacht, dass meine Gespräche dann irgendwann auf ganz natürlichem Wege auf meine Beziehung zu Gott zu sprechen kommen.

Nach den Einsätzen traf ich mich normalerweise mit David. Manchmal gönnten wir uns sogar einen Kaffee, obwohl wir nicht viel Geld hatten. Gedanken machten wir uns allerdings nicht über unsere finanzielle Knappheit, auch weil wir gar keine Zeit dazu hatten. Das Leben raste sprichwörtlich an uns vorbei, ohne dass wir uns überhaupt überlegt hatten, wie es mit uns weiterging. David sagt, er hätte schon drei Tage, nachdem wir uns getroffen hatten, gewusst, dass wir füreinander bestimmt waren. Er war davon überzeugt, dass ich genauso fühlen würde, wenn wir nur genug Zeit miteinander verbrächten; ihm hat es offensichtlich noch nie an Selbstbewusstsein gemangelt. Gegen Ende des Sommers wurde uns dann schlagartig bewusst, dass wir über unsere Zukunft nachdenken mussten. Wir sahen uns gezwungen Pläne zu machen, weil wir uns einig waren, an unserer Beziehung festzuhalten.

Als ich in dieser Nacht nach Hause kam, hatte ich einige Sachen mit Gott zu bereden. Sollte Gott tatsächlich wollen, dass David und ich heirateten, musste er noch einige Sachen für mich tun:

Zuerst einmal brauchte ich ein Zeichen Gottes, dass es richtig war. Ich wollte David nicht nur heiraten, weil die Beziehung Sinn zu machen schien, sondern weil Gott mir diesen Schritt genauso klar bestätigte, wie er es damals mit Amsterdam tat.

Die zweite Sache war mein emotionales Problem. Weil ich Gefühle als Jugendliche als unberechenbar und unkontrollierbar erfuhr, hatte ich gelernt sie zu fürchten. Jetzt wollte ich mich allerdings nicht davor fürchten Gefühle der Verliebtheit zuzulassen. Ich wusste, dass ich mittlerweile mit Gott unterwegs war und dass Gefühle unter seiner Leitung gut waren. Dementsprechend wollte ich nicht, dass die Entscheidung über meinen zukünftigen Ehemann rein kalt und rational getroffen wurde. Auch mein Misstrauen anderen Leuten gegenüber durfte meiner Beziehung auf keinen Fall schaden! So betete ich an diesem Abend: Wenn diese Beziehung dein Wille ist Gott, dann gib mir das ganze Maß an gesunden Gefühlen, das du für mich bereit hältst. Ich will so viel davon, wie du mir geben willst! Weiterhin brauche ich deine Hilfe dabei David so zu vertrauen, dass ich ihm erlaube, ein Teil meines Lebens zu werden.

Ehrlich gesagt, wusste ich nicht genau, was ich von diesem Gebet zu erwarten hatte. Am nächsten Morgen wachte ich jedoch mit dem Gefühl auf, dass ich David vertrauen konnte. Außerdem hatte ich die innere Gewissheit, dass unsere Beziehung in Gottes Plan war. Ich konnte es fühlen und so wurde es zu mehr als nur einem rationalen Entschluss. Ich liebte Davids Art, ich liebte es, dass er Sachen sagte wie: „Jodi, wenn wir uns hundertprozentig Gott hingeben und bereit sind alles zu machen, worum er uns bittet, werden wir ein Leben führen, das man mit keinem Geld der Welt bekommen könnte“. Er passte perfekt in das Leben, nach dem ich so lange gesucht hatte und für das Gott mich nach Amsterdam geschickt hatte, um es dort zu finden: ein Leben, an das ich glauben kann; ein Leben, das mich komplett einnimmt; so weit, dass ich alles dafür aufgeben würde; ein Leben für das ich bereit wäre zu sterben. Gott hatte mein Gebet erhört, denn ich wusste jetzt genauso, dass David zu meinem Leben gehörte, wie ich damals wusste, dass ich nach Amsterdam gehen sollte.

Nach den Sommermonaten verbrachten wir einige Tage in einem Schulungsgebäude von JMEM, das ungefähr anderthalb Stunden von Amsterdam entfernt lag. David nutzte die Gelegenheit um mir dort, inmitten der wunderschönen holländischen Natur, einen Heiratsantrag zu machen, den ich auch annahm. Wir trampten daraufhin zurück nach Amsterdam, um mir einen Ring auszusuchen.

Schon ein paar Wochen später würde es für uns nach Amerika gehen, um zu heiraten.

5 Das also ist Liebe

Im September war es so weit, wir flogen zurück nach Amerika und entschieden uns am 29. Dezember zu heiraten. Ich hatte in den letzten Jahren einiges lernen dürfen, so dass ich mittlerweile wusste, dass ich Grund genug hatte selbstbewusst aufzutreten und mir über Gottes genialen Plan für meine Zukunft bewusst zu sein. Doch konnte ich die Verhaltensweisen, die ich in meiner Kindheit erlernt hatte nicht ohne weiteres ablegen. So kam es, dass ich meinen Eltern nichts über David erzählt hatte. Dabei hatte ich an der Uni gelernt, Gott zu vertrauen und mein Leben durch seine Hilfe für andere Leute zu öffnen, anstatt sie auszuschließen. Kein Wunder, dass es für meine Familie schwierig war, meinen Zukunftsplänen positiv gegenüber zu stehen, wenn ich nach Monaten plötzlich nach Hause kam um meine Hochzeit, sowie den darauf folgenden Umzug nach Amsterdam, anzukündigen. Wenn ich heute zurück blicke, sehe ich, dass ich einige Dinge hätte anders machen können. Allerdings lernte ich erst später, wie wichtig es ist, anderen Leuten zu erklären, dass ich manche Sachen nur deshalb tue, weil ich das Gefühl habe, Gott würde mich darum bitten. Ich wusste, dass ich noch viel zu lernen hatte und reifen musste. Besonders, wenn ich ein Segen für meine Familie sein wollte.

David und ich blieben nach unserer Hochzeit noch drei Monate in Amerika, von wo aus wir dann nach Paris aufbrachen. Wir wollten dort sozusagen einen zweiten Teil der Flitterwochen verbringen. Wir hatten eine wunderbare Zeit, obwohl wir nur sehr wenig Geld zur Verfügung hatten, was für einen Urlaub in der Großstadt Paris keine gute Voraussetzung darstellte. Meinem Glück konnte jedoch nichts im Wege stehen. Ich liebte Paris und ich liebte unser neues Leben. Jetzt, wo wir alles, womit wir aufgewachsen waren, hinter uns gelassen hatten und nicht mehr in unserer vertrauten Umgebung waren, kam ich mir vor, wie in einem großen Abenteuer. Im Anschluss an unsere Flitterwochen ging es direkt weiter in einen sehr schönen Teil Hollands. Dort erwartete uns eine Jüngerschaftsschule von JMEM, die wir absolvieren wollten. Diese Art der Schule konzentriert sich darauf, was es bedeutet Jesus nachzufolgen. Man denkt viel über das eigene Leben nach und lernt mit Jesus im Alltag zu leben. Wir kamen uns eigentlich wie in einem verlängerten Urlaub vor. Das heißt nicht, dass wir nichts zu tun gehabt hätten. Die Schule war in eine große Wohngemeinschaft eingegliedert, wo Leute zusammen wohnten und arbeiteten. Somit halfen wir nachmittags im Haus mit, nachdem wir morgens Unterricht hatten. David war im Renovierungsteam und ich unterstützte die Wäscherei. Unser Höhepunkt des Tages war ein gemeinsames Ritual nach Feierabend. Wir hatten uns nämlich angewöhnt, jeden Tag ausklingen zu lassen, indem wir zuerst durch die Heide joggten und danach noch einen langen Spaziergang machten. Ohne, dass wir es geplant hatten, entstand in dieser Zeit die Gewohnheit, wirklich alles zu bereden oder auszudiskutieren, was uns auf dem Herzen lag. Eine Sache über die ich bei David sowieso sehr dankbar bin ist, dass er mir zuhört! Egal wie lange ich brauche um auf den Punkt zu kommen, er hört zu und wird davon nicht gelangweilt! Diese Eigenschaft gibt mir das Gefühl, niemals mit einem Problem auf mich alleine gestellt zu sein.

Nicht verwunderlich ist daher eine weitere Gewohnheit von uns beiden. Ganz egal, wo in der Welt wir uns gerade befinden, suchen wir uns jedes Mal ein nettes Café, in dem man einen guten Kaffee trinken und sich ungestört unterhalten kann. Wir haben diese Gewohnheit nicht bewusst entwickelt, glauben aber, dass sie uns in vielen Situationen davor bewahrt hat, durchzudrehen. Was ich nämlich vor unserer Hochzeit nicht gewusst hatte war, dass Gott uns auffordern würde einen Weg zu gehen, den wir definitiv nicht ohne die Hilfe des anderen bestreiten könnten. Es war also wichtig, dass wir von Anfang an an einer starken Beziehung arbeiteten, weil unsere Ehe ansonsten auf lange Sicht keine Chance gehabt hätte. Die Gespräche bei einer Tasse Kaffee, die wir eigentlich nur deshalb pflegten, weil es uns Spaß machte, sind somit sprichwörtlich zu einem Ort der Zuflucht, inmitten chaotischer Zeiten geworden.

Für mich war es gleich zu Anfang unseres gemeinsamen Lebens wichtig zu wissen, was Gott über das Thema Ehe denkt. Mir ging es nicht um die traditionell christlichen Antworten oder gesellschaftliche Meinungen, sondern rein um das, was Gott sagt. Schließlich heißt es in Römer 12,2:

> Und stellt euch nicht dieser Welt gleich, sondern ändert euch durch Erneuerung eures Sinnes, damit ihr prüfen könnt, was Gottes Wille ist, nämlich das Gute und Wohlgefällige und Vollkommene. (Lut)

Hier stand es schwarz auf weiß, meine Anweisungen fürs Leben mussten von Gott kommen. Es lag an mir, Gott zu fragen: „Was denkst du über meine Lebenssituation? Was denkst du über meine Ehe? Was denkst du über diese und jene Entscheidung?“ Zu diesem Zeitpunkt wollte ich von Gott eben wissen, wie er sich die Ehe gedacht hatte. Ich persönlich hatte nämlich ziemliche Probleme mit den ganzen Diskussionen zum Thema „Die Frau soll sich dem Mann unterordnen“. Was sollte das bedeuten? Hieße das, jemanden anders mich und mein Leben kontrollieren zu lassen? Wie sollte ich mich einer anderen Person „unterordnen“ können, wenn ich sowieso schon Probleme hatte anderen Leuten zu vertrauen. Nein, das schien mir unmöglich! Dann war da noch die Sache mit dem Mann als Haupt der Familie! Ich wusste die einzelnen Punkte nicht einzuordnen und war schlichtweg ratlos.

Da ich mir vorgenommen hatte Gott zu dem Thema zu befragen, lag mein Lösungsansatz darin, in der Bibel nachzulesen. Dabei ging es mir nicht nur um die Verse, die über die Unterordnung der Frau und den Mann als Haupt der Familie sprechen, sondern um alles, was ich über die Ehe finden konnte. Denn, was ich verstehen wollte, war das Gesamtbild der Ehe soweit, wie die Bibel es zeigt. Was ich dadurch herausfand war, dass ich die Art liebe, in der die Ehe beschrieben wird!

In 1. Mose 2,18 und 2,21-24 steht Folgendes:

Gott, der Herr, dachte: Es ist nicht gut, dass der Mensch so allein ist. Ich will ein Wesen schaffen, das ihm hilft und das zu ihm passt.

Da ließ Gott der HERR einen tiefen Schlaf fallen auf den Menschen, und er schlief ein. Und er nahm eine seiner Rippen und schloss die Stelle mit Fleisch. Und Gott der HERR baute eine Frau aus der Rippe, die er von dem Menschen nahm, und brachte sie zu ihm. Da sprach der Mensch: Das ist doch Bein von meinem Bein und Fleisch von meinem Fleisch; man wird sie Männin nennen, weil sie vom Manne genommen ist. Darum wird ein Mann seinen Vater und seine Mutter verlassen und seiner Frau anhangen, und sie werden sein „ein" Fleisch. (Lut)

„Bein von meinem Bein und Fleisch von meinem Fleisch! Darum wird ein Mann seinen Vater und seine Mutter verlassen und seiner Frau anhangen, und sie werden sein ein Fleisch." Ich weiß nicht, was ich über diese Art der Beziehung sagen kann außer, dass sie wahre Vertrautheit und Heiligkeit darstellt. Die einzige Reaktion, die mir bleibt, ist zu sagen: „Gott zeige mir, was das für das praktische Leben bedeutet. Ich möchte es nicht verkorksen. Ich möchte zu meiner Beziehung mit David nicht nur das beisteuern, was ich von mir aus aufbringen kann, denn das wäre nicht einmal im Geringsten genug!"

Ich liebe den Gedanken, dass der Mann ohne die Frau nicht vollständig war, sondern unvollständig! Um zu verdeutlichen, dass die beiden ein Fleisch werden sollten, nahm Gott aus dem Mann eine Rippe, um die Frau zu formen. Er hatte kein Leben geplant, das sie unabhängig voneinander oder isoliert führen sollten. Wenn ich mir im Gegensatz dazu angucke, wie Beziehungen heutzutage verstanden werden, macht es mich sehr traurig. Was ich dort sehe, ist so viel Selbstsucht, Schmerz und Einsamkeit. Ich hingegen brauche ein Bild der Beziehung von Mann und Frau, was mir Hoffnung macht. Daher machte mich damals die wunderschöne und zugleich geheimnisvolle Beschreibung aus dem ersten Buch Mose noch neugieriger, so dass ich mehr zum Thema lesen wollte.

Im Hohelied der Liebe 8,5-7 spricht eine junge Frau zu einem Mann:

> Unter dem Apfelbaum weckte ich dich, wo deine Mutter mit dir in Wehen kam, wo in Wehen kam, die dich gebar. Lege mich wie ein Siegel auf dein Herz, wie ein Siegel auf deinen Arm. Denn Liebe ist stark wie der Tod und Leidenschaft unwiderstehlich wie das Totenreich. Ihre Glut ist feurig und eine Flamme des HERRN, sodass auch viele Wasser die Liebe nicht auslöschen und Ströme sie nicht ertränken können. Wenn einer alles Gut in seinem Hause um die Liebe geben wollte, so könnte das alles nicht genügen. (Lut)

Wenn ich diese Beschreibung der Liebe lese, werde ich ganz klein mit Hut, weil ich mich frage: „Ist meine Liebe David gegenüber stärker als der Tod? Könnten sie wirklich keine Wasser auslöschen? Weiß ich tatsächlich wie man jemanden richtig liebt?“

In 1. Korinther 13,4-7 zählt Gott die Eigenschaften auf, die er sich unter Liebe vorstellt:

> Liebe ist geduldig, Liebe ist freundlich. Sie kennt keinen Neid, sie spielt sich nicht auf, sie ist nicht eingebildet. Sie verhält sich nicht taktlos, sie sucht nicht den eigenen Vorteil, sie verliert nicht die Beherrschung, sie trägt keinem etwas nach. Sie freut sich nicht, wenn Unrecht geschieht, aber wo die Wahrheit siegt, freut sie sich mit. Alles erträgt sie, in jeder Lage glaubt sie, immer hofft sie, allem hält sie stand. (NGÜ)

Gott hatte geplant, dass wir genau diese Art der Liebe geben und empfangen sollten. Je mehr ich aber über Gottes Vorstellung der Liebe lese, desto unangenehmer ist mir der Blick auf meine vergleichsweise jämmerlich wirkenden Versuche zu lieben. Für mich ist die Liebe zu meinen Mitmenschen und besonders zu David ein Teil von Gottes heiliger Bestimmung.

Ich lernte also auch in diesem Bereich meines Lebens, dass

Gottes Vorstellungen ehrbarer sind als alles, was ich mir jemals ausdenken könnte. So konnte ich dann mit einer veränderten Sicht an Epheser 5,21-30 heran gehen. Nämlich in dem Vertrauen, dass Gottes Plan nicht nur gut, sondern auch heilig, sprich makellos, ist:

> Ordnet euch einander unter, wie es die Ehrfurcht vor Christus verlangt.

Den Teil verstehe ich ja noch, aber die Verse 22-30 machen mir ganz schön zu schaffen:

> Ihr Frauen, ordnet euch euren Männern unter, so wie ihr euch dem Herrn unterordnet. Denn der Mann steht über der Frau, so wie Christus über der Gemeinde steht. Christus als dem Haupt verdankt die Gemeinde, die sein Leib ist, ihre Rettung. Wie nun die Gemeinde Christus untergeordnet ist, so müssen auch die Frauen sich ihren Männern in allem unterordnen. Ihr Männer, liebt eure Frauen so, wie Christus die Gemeinde geliebt hat! Er hat sein Leben für sie gegeben, um sie rein und heilig zu machen im Wasser der Taufe und durch das dabei gesprochene Wort. Denn er wollte sie als seine Braut in makelloser Schönheit vor sich stellen, ohne Flecken und Falten oder einen anderen Fehler, heilig und vollkommen. So müssen auch die Männer ihre Frauen lieben wie ihren eigenen Körper. Denn ein Mann, der seine Frau liebt, liebt sich selbst. Niemand hat doch je seinen eigenen Körper gehasst; im Gegenteil, er ernährt und pflegt ihn. So tut es auch Christus mit der Gemeinde, die sein Leib ist. Und wir alle sind doch Teile an diesem Leib.

Diese Verse sind es, in denen steht, dass der Mann über der Frau stehe und die Frau sich unterordnen solle. Bei näherem Hinsehen stellt man jedoch den Zusammenhang zu der Aussage fest, dass der Ehemann die Verantwortung hat, sich in dem Maße um seine Frau zu kümmern, wie Jesus sich um die Gemeinde gekümmert hat. Jesus wiederum ist für die Gemeinde gestorben! Er hat sie so sehr geliebt, dass er sein Leben für sie hingab! Wenn ich dieses neue Verständnis zu den Bibelstellen aus Mose, dem Hohelied der Liebe und dem ersten

Korintherbrief hinzunehme, dann kann ich gar nicht anders, als zu denken: „Wenn ich doch nur solch eine Beziehung haben könnte!!"

Ganz ehrlich glaube ich, dass die einzigen Situationen, in denen mich diese Verse nervös machen können die sind, in denen ich den Blick von Jesu Absichten über Beziehungen abwende. An die Stelle des biblisch wunderschön beschriebenen Bildes einer Beziehung tritt dann ein anderes, von dem ich denke: „Die christliche Sicht der Ehe steht für eine sonderbare Unterdrückung der Frau, an der ich sicherlich nicht teilhaben will." Unglücklicherweise haben wir Menschen die Fähigkeit, Dinge komplett verdrehen zu können. So kann aus einer Sache, die Gott uns ursprünglich zum Guten gedacht hatte, etwas werden, was nicht nur unattraktiv, sondern verabscheuungswürdig ist. Was ich in meiner Ehe gewonnen habe, ist jedoch eine Person, die auf mich aufpasst, mich beschützt und sich Sorgen macht. Warum sollte ich solch eine Beziehung nicht haben wollen? Es ist weder so, dass er mich beherrscht noch, dass ich weniger wert sei als er. Ganz im Gegenteil, es waren Davids unerschütterliche Liebe und sein tiefer Glaube an mich, die es mir möglich machten, zu dem zu werden, was Gott für mich vorgesehen hatte. Es war genau die von ihm geschaffene Atmosphäre der Liebe und Unterstützung, die ich brauchte um innerlich heil zu werden.

Manch einer wir jetzt bestimmt sagen: „Das ist ja schön für dich, denn Gott hat dir einen guten Ehemann geschenkt. Mein Ehemann jedoch ist anders! Meiner behandelt mich nicht so, wie es Jesus bei der Gemeinde vorgemacht hat, noch beschützt er mich oder sorgt für mich! Er ist egoistisch und faul. Er möchte ja noch nicht einmal den Müll raus bringen, sondern lässt mich das lieber machen."

Ich stimme zu, dass sich Ehen und das Leben der einzelnen Ehepartner häufig noch sehr von dem unterscheiden, was sich Gott eigentlich gedacht hatte. Weil Gott aber Besseres für uns will, wird er denen seinen Plan offenbaren, die danach suchen. Wenn ein Paar ernsthaft vor Gott kommt und ihn fragt, wie man eine Ehe nach seiner Vorstellung lebt, werden sie eine Antwort bekommen. Gott wird sie in die wunderschöne und zugleich geheimnisvolle Beziehung führen, die er seit langem für sie bereithält. Beide müssen dafür bereit sein, ihre alten Vorstellungen der Ehe über Bord zu werfen und sich von Gott Schritt für Schritt zeigen zu lassen, was es bedeutet einander zu lieben. Beide müssen entschlossen sein, sich nicht zufrieden zu geben, bis sie das Beste Gottes für ihre Ehe erkannt haben. Ich zumindest weigere mich zuzulassen, dass meine Ängste und Lasten aus der Vergangenheit meiner Ehe schaden dürfen. Sie dürfen David und mich nicht daran hindern, diese unglaublich tiefe Beziehung zu erleben, von der die Bibel redet. Ich für meinen Teil werde alles dafür tun, um dieses Ziel zu erreichen. Dazu gehört auch die Bereitschaft, sich da wo es nötig ist, zu verändern. Es mag sein, dass wir noch nicht an dem Punkt angekommen sind, an dem Gott uns haben möchte, aber zumindest besteht Hoffnung. Denn Grund zur Hoffnung besteht bei Gott immer. Somit lässt mich die Gewissheit, dass ein Neustart auch eine neue Chance bedeutet, dem Leben mutig entgegentreten.

Je mehr ich mich mit der Bibel auseinandersetze, desto mehr lerne ich, dass mein himmlischer Vater Beziehungen viel wunderbarer geschaffen hat, als ich es mir je hätte erträumen können. Er hat sie geschaffen und sorgsam gestaltet. Ich liebe es in Gott einen guten Vater zu haben. Jemanden, der mir immer wieder neue Teile seines Planes für mich offenbart. Jemanden, dem ich vertrauen kann, dass er mein Leben mit mehr Fantasie, mehr Kreativität und mehr Schönheit geplant hat, als ich es jemals könnte.

6

Und wer bin ich, Gott?

Zweieinhalb Monate später, also zum Ende unserer Jüngerschaftsschule, zogen wir nach Amsterdam. Dort erwartete uns und zwei andere Ehepaare die Aufgabe, die Aktion „Sommerdienst" von JMEM zu leiten. Während dieser Zeit kommen Leute aus der ganzen Welt, um den Menschen in Amsterdam von dem Leben zu erzählen, das Jesus für sie bereithält. Für David und mich war die Arbeit perfekt. Wir konnten zum einen den Leuten auf der Straße dienen und zum anderen nach getaner Arbeit Zeit zusammen verbringen. Es wurde zum besten Sommer, den wir mit JMEM verbrachten. Und das, obwohl wir mit 220 Leuten in einem Gebäude wohnten, in dem es keine Dusche gab und nur wenige Badezimmer. Wenn wir duschen wollten, mussten wir zu einem der Boote von JMEM gehen, wo wir die Duschen gegen Bezahlung zehn Minuten lang benutzen konnten. David und ich schliefen auf dem Boden eines Raumes, der in etwa so groß war, wie eine Vorratskammer. Als Tür zum Nebenzimmer diente uns eine Decke, was angesichts der Tatsache, dass dort alle unverheirateten Jungs schliefen, nicht unbedingt ideal war. Hinzu kam, dass der Putz von den Wänden bröckelte, so dass wir unser Zimmer jeden Morgen auskehren mussten.

Nach dieser Sommeraktion zogen David und ich in eine Wohnung im Rotlichtviertel. Unsere Nachbarschaft bestand erneut aus Prostituierten, Drogenabhängigen, Sex-Shows und einer satanistischen Kirche. Unsere Aufgabe lag darin, einen Einsatz in unserer Nachbarschaft zu leiten. Wir zogen spät abends los, um mit den Leuten zu reden und kamen früh morgens zurück. Wir verbrachten die gesamte Zeit damit, den Leuten von Gott und seiner Bedeutung in unserem Leben zu erzählen. Es war nicht kompliziert, denn es ging einfach darum, ihnen zu sagen, dass sie einen Vater hatten, der sich um sie sorgte und ein neues Leben für sie bereithielt. Ich liebte die Schlichtheit unseres Lebens, trotz dieser verrückten Nachbarschaft.

Jeder Tag schenkte mir Begegnungen mit Leuten, die komplett anders waren als ich. So fand ich mich regelmäßig in Situationen wieder, die jenseits dessen lagen, was ich je zuvor erlebt hatte. Einmal lernte ich eine junge Frau kennen, die als Prostituierte arbeitete, zuhause aber einen Ehemann und zwei kleine Töchter hatte. Sie stand gewöhnlich hinter einem großen Fenster, an dem die Männer vorbeigingen um sich daraufhin zu entscheiden, ob sie mit ihr Sex haben wollten oder nicht. Als ich einmal nachfragte, was ihr Mann von diesem Job denke, antwortete sie, dass sie das Geld bräuchten und es ihm daher nichts ausmache! Worüber ich mir jedoch Gedanken machte war, wie sie das einmal ihren kleinen Kindern erklären würde. Eines Tages zog sie allerdings aus der Nachbarschaft weg, wodurch ich den Kontakt zu ihr verlor. Dennoch musste ich noch häufiger an sie denken und fragte mich, wie es ihr wohl ging. Denn, obwohl wir sehr verschieden waren, fühlte ich mich ihr während unserer Gespräche doch so nah wie einer Schwester. Meine Frage an Gott war zu diese Zeit einfach: „Herr, wie können wir diese zutiefst verlorene Stadt erreichen?“

Was ich auch niemals vergessen werde ist, wie wir eine Zeit lang jede Nacht zwischen zwei und drei Uhr durch die Schreie einer Frau aus dem Schlaf gerissen wurden. Wir konnten beim besten Willen nicht herausfinden woher diese Schreie kamen und fragten uns schon, ob wir diesbezüglich etwas unternehmen sollten. Eines Tages ging uns aber ein Licht auf und wir begriffen, dass es Teil einer nächtlichen Sex-Show des benachbarten Clubs war. In solchen Momenten kamen wir uns in Amsterdam sehr fremd vor. So weit weg von alledem, was uns vertraut war. Trotzdem zweifelten wir nicht an unserer Entscheidung. Gott hätte uns nicht an diesen Ort gerufen, ohne einen Plan gehabt zu haben.

Demzufolge beteten wir weiterhin dafür, einen Weg zu finden, die Leute in dieser verrückten Stadt zu Jesus zu bringen. Gott nutzte diese Zeit aber auch, um uns Sachen beizubringen, die wir zu lernen hatten.

David und ich wurden gefragt, ob wir der Theatergruppe SITCO (Samaritan´s Inn Theater Company) beitreten wollten. Letztendlich entschlossen wir uns mitzumachen, obwohl es bedeutete, dass wir uns um zwei Vollzeitjobs kümmern mussten. Zum einen den Dienst in unserer Nachbarschaft und zum anderen die Theatergruppe. Doch nicht einmal diese Doppelbelastung konnte uns daran hindern, unsere Arbeit in vollen Zügen zu genießen. In dem Theaterstück der SITCO stellten wir Jesu Tod und Auferstehung auf eine sehr moderne und dramatische Weise dar. Danach luden wir die Zuschauer ein, ihr Leben Gott zu übergeben. Mit dieser Theatergruppe hatten wir schließlich die Chance, für vier Wochen durch Griechenland zu touren. David und ich brachen bereits zwei Wochen vor den anderen auf, damit wir die Tour von Athen aus organisieren konnten. Außerdem wollten wir uns die Orte angucken, an denen wir das Stück aufführen sollten. Kurz vor unserer Abreise kam ein Leiter von JMEM auf David zu und machte ihn darauf aufmerksam, dass wir bereit sein sollten, getrennt von einander zu arbeiten. Grund für diese Aufforderung war, dass JMEM als Missionsgesellschaft für uns beide die Reise nach Athen bezahlte, er jedoch der Meinung war, dass David eigentlich alleine gehen sollte. Für uns beide war das ein ganz neuer Denkansatz, weil wir bis dahin alles zusammen gemacht hatten.

Während ich mir darüber Gedanken machte, erinnerte ich mich an den Kommentar der Frau eines JMEM Leiters. Sie hatte mir vor ungefähr einem Jahr gesagt, dass ich mich mit David gemeinsam entwickeln müsste. Es sei wichtig, nicht in dem zurückzufallen, was Gott uns beiden zeigen und lehren wollte. Ich konnte diesen Satz nicht vergessen, obwohl ich mir zu dem damaligen Zeitpunkt gedacht hatte: „Du kennst mich überhaupt nicht, ich würde es niemals so weit kommen lassen!“ Mittlerweile fragte ich mich jedoch, ob das wirklich bedeutete, dass wir auch alles zusammen machen mussten. Wir waren gar nicht auf den Gedanken gekommen, getrennt nach Griechenland zu gehen, da wir bis dahin alles zusammen gemacht hatten. Trotz der Tatsache, dass wir am Ende gemeinsam gingen, war ich entschlossen über unseren Lebensstil nachzudenken. Da unser Leben nicht gerade als normal zu bezeichnen war, wusste ich nicht, welchen Regeln und Maßstäben es unterliegen sollte. Vor allem fragte ich mich, ob wir als verheiratetes Paar in der Mission eine gemeinsame oder zwei verschiedene Berufungen hatten. David predigte sehr häufig während unserer Straßeneinsätze, sowie nach unseren Theateraufführungen, ich hingegen hatte das noch nie getan. Dennoch hatten wir uns nie als zwei getrennt arbeitende Leute gesehen und somit war der Gedanke für uns relativ neu.

Einmal hatte ich jedoch schon darüber nachgedacht. Damals zogen Floyd McClung und einige andere Leiter von JMEM in die Innenstadt Amsterdams und fragten David und mich, ob wir Teil des Leiterschaftsteams werden wollten. Während David sich für diesen Schritt bereit fühlte, tat ich es nicht. In Anbetracht dessen, dass ich erst seit wenigen Monaten bei JMEM involviert war, hatte ich nicht das Gefühl, die Missionsgesellschaft gut genug zu kennen, um Teil der Leitung zu werden. Dementsprechend kam ich mir beim ersten Leitungstreffen auch äußerst fehl am Platz vor. Ehrlich gesagt hasste ich diese Treffen! Ich war definitiv nicht bereit irgendjemanden zu leiten, außer vielleicht mich selbst. Letzen Endes bat ich um den Wechsel in einen anderen Aufgabenbereich, weil ich nicht so tun konnte, als sei ich in meiner Position glücklich. Mir war es unmöglich vorzugeben jemand zu sein, der ich gar nicht war. So fand ich letztendlich meinen Platz bei der Unterstützung des Küchenteams, wo auch andere Mitglieder unserer Theatergruppe mit anpackten. Diese Lösung war perfekt! David und ich konnten weiterhin die Arbeit im Rotlichtviertel leiten, wozu auch ich mich bereit fühlte, und wir konnten weiterhin bei der SITCO mitmachen. In der freien Zeit zwischen den Aufgaben, die ich beide sehr liebte, fand mein Einsatz in der Küche statt. Ich kann gar nicht beschreiben, wie befreiend der Wechsel aus der Leitung in das Küchenteam war. Gott bestätigte meine Entscheidung mit einem überwältigenden inneren Frieden und lehrte mich auf diesem Wege eine wichtige Lektion. Ich begriff, wie wichtig es ist, Gottes Anweisungen für mein Leben zu folgen. Sei es über die Frage, wer ich eigentlich war oder was ich als nächstes tat. Es gibt nichts Schlimmeres, als den Versuch jemand oder etwas anderes zu sein, als Gott es für einen geplant hat. Wenn man weder die Berufung für eine Arbeit hat, noch Freude daran. Dieses Streben in eine falsche Richtung ist sowohl töricht, als auch eine reine Zeitverschwendung. Anstatt um der menschlichen Anerkennung wegen zu versuchen, ein Leiter zu sein, sollte meine Frage lauten: Was möchte GOTT von mir?

Was Gott in diesem Fall von mir wollte, war eindeutig die Bereitschaft etwas zu lernen, anstatt frühzeitig Leitungsverantwortung zu tragen. Da ich sowieso nicht gut darin war etwas vorzutäuschen, fiel mir die Entscheidung in dieser Situation wirklich nicht schwer. Außerdem zeigte mir die Freude die ich durch diesen Schritt zurück gewann, dass ich wieder auf dem richtigen Weg war. Neben allen anderen Sachen, die Gott mir beibrachte, zeigte er mir, wie ich Seite an Seite mit David arbeiten konnte. Eigentlich war unsere Zusammenarbeit extrem gut, besonders, wenn wir alleine arbeiteten. Wenn wir anderen Leuen von Gott erzählten, fühlte es sich an, als wären wir von jeher dazu bestimmt gewesen. Ich liebte es und empfand David als das beste Geschenk, das Gott mir gegeben hatte. Dennoch gab es auch eine Seite, auf der nicht alles perfekt lief.

David ist ein sehr dynamischer Leiter, der stets nach vorne geht und jede Herausforderung annimmt, die Gott ihm stellt. Da ich mir einen starken, ehrgeizigen Mann wünschte, ist dies definitiv einer der Gründe warum ich ihn so liebe. Er passt vollkommen zu meiner Sehnsucht etwas Außergewöhnliches mit meinem Leben anzufangen.

Fakt war, dass er mir in seiner Entwicklung ein ganzes Stück voraus war, als wir uns kennenlernten. Während er bereits eine ausgeprägte Meinung über alles hatte, war ich noch dabei über vieles nachzudenken. Des Weiteren wollte ich, dass er stark war, aber ich wollte selbst auch stark sein. Kein Wunder, dass dies auf Dauer zu Problemen führte. Wenn wir mit anderen Leuten zusammen waren, war es meistens David, der redete und ich hörte zu, weil ich nicht schnell genug war, um mich in das Gespräch zu drängen. Für eine Weile war das okay, auf Dauer natürlich nicht. Ich wollte Teil von dem Geschehen sein, redete jedoch nicht so viel wie er und fand mich daher in der Rolle einer stummen Zuhörerin wieder. Obwohl mir diese Rolle missfiel, rutschte ich mehr und mehr in sie hinein.

Anfangs dachte ich mir: „Nun gut, der einzige Weg, mich an den Gesprächen beteiligen zu können, wird wohl sein, lauter und kraftvoller zu reden". Mit dieser Lösung konnte ich mich jedoch auch nicht anfreunden. Ich hasste es, weil es nicht zu mir passte und mir folglich ein schlechtes Gefühl gab! Die Frage war, wie ich Teil des Geschehens werden konnte ohne mich verkrampfen zu müssen?! Schließlich kam mir der Gedanke: „Okay, ich sollte versuchen mit der Situation klarzukommen, denn es ist besser stumm zuzuschauen, als vorzugeben etwas zu sein, was ich nicht bin". Dieser Versuch stellte sich ebenfalls als Misserfolg heraus. Wieso sollte ich vorgeben, kein Interesse daran zu haben, mich mit einzubringen, wenn ich es in Wirklichkeit aber hatte?! Das brachte mich schon wieder an den Punkt, mich verstellen müssen, anstatt zu sein wer ich war. Schlussendlich fing ich an David für meine Lage verantwortlich zu machen. Wessen Schuld sollte es sein, wenn nicht seine? Trotz dieser Gedanken wusste ich tief in mir, dass das Blödsinn war. Ich wollte ihn nicht kleiner machen, um selbst größer dazustehen. Dann hätte ich mich weiterhin schlecht gefühlt und nicht das erreicht, was ich eigentlich wollte. Nämlich eine Ehe, in der beide stark sein können und auf ihre Weise am gesellschaftlichen Leben teilnehmen. Für mich stand fest, dass ich herausfinden würde, wie das geht. Schließlich wollte ich nicht zu den zahlreichen Paaren um mich herum gehören, bei denen eine taffe, starke Frau von einem schwachen Mann begleitet wurde.

Die Parabel aus Lukas 14,7-11 half mir in meiner Frage weiter:

> Jesus hatte beobachtet, wie die zum Essen Geladenen die Ehrenplätze für sich aussuchten. Das nahm er zum Anlass, sie in einem Bild darauf hinzuweisen, welche Regeln an Gottes Tisch gelten. Wenn dich jemand zu einem Hochzeitsmahl einlädt, dann setz dich nicht gleich auf den Ehrenplatz. Es könnte ja sein, dass eine noch vornehmere Person eingeladen ist. Der Gastgeber, der euch beide geladen hat, müsste dann kommen und dich auffordern, den Ehrenplatz abzutreten. Dann müsstest du beschämt auf dem untersten Platz sitzen. Setz dich lieber auf den letzten Platz, wenn du eingeladen bist. Wenn dann der Gastgeber kommt, wird er zu dir sagen: Lieber Freund, komm, nimm weiter oben Platz! So wirst du

vor allen geehrt, die mit dir eingeladen sind. Denn alle sich selbst groß machen, werden von Gott gedemütigt, [illegible] alle, die sich selbst gering achten, werden von ihm zu Ehren gebracht.

Obwohl es mir nicht um den Ehrenplatz ging, wollte ich definitiv einen Platz haben. Was ich den Versen entnahm war, dass Gott mir am besten einen Platz aussuchen und geben konnte. Würde ich hingegen selbst versuchen, mir einen bestimmten Platz zu erzwingen, würde ich eine Person werden, die ich eigentlich gar nicht sein wollte. An diesem Punkt angelangt, fing ich an, Gott hinsichtlich der Probleme zu vertrauen, mit denen ich seit meiner Kindheit zu kämpfen hatte. Anstatt sie für mich zu behalten, fing ich an mit Gott darüber zu reden. Ich sagte zu ihm: „Ich glaube, dass du mehr für mich bereit hältst, als eine stumme Beobachterin zu sein. Du willst doch auch, dass ich aktiv am Leben teilnehme, nur weiß ich nicht wie das funktionieren soll. Bevor ich unerträglich werde und mich anderen aufdränge, gebe ich meine kläglichen Versuche lieber an dich ab. Ich habe viel zu lange versucht alleine nach einer Lösung zu suchen, jetzt bist du an der Reihe. Bitte regle die Situation für mich! Sag mir, was ich zu tun habe und ich werde es umsetzen. Ich gebe alles in deine Hände. Du bist von nun an dafür verantwortlich, wie es weitergeht." Und sieh einer an, sobald ich alles abgegeben hatte, fing ich an Lösungen zu finden.

David für seinen Teil musste mit meinem Problem einfühlsamer umgehen. Er musste mir helfen, indem er mich in Gespräche mit einbezog, damit ich die Chance hatte mich einzubringen. Das war für mich gerade in der Anfangszeit wichtig, in der ich damit beschäftigt war, einen großen Teil meiner Entwicklung nachzuholen. Meine Aufgabe bestand wiederum darin, nicht so sehr mit mir selbst beschäftigt zu sein und wie versessen auf mein Recht zu pochen, überall dabei zu sein. Mir wurde langsam bewusst, dass ich mir das Gehör anderer weder erkämpfen noch es einfordern brauchte. Vor allem lag es an mir, andere nicht für meine Lage verantwortlich zu machen. Statt dessen sollte ich mein Problem einfach zugeben und mich mit der Bitte um eine Lösung an Gott wenden.

Kurz darauf war ich Teil einer Gruppendiskussion. Bei einem Gesprächspunkt merkte ich, wie wichtig es war, die Sache von einer anderen Perspektive anzugehen. Allerdings waren fast ausschließlich Männer an dem Gespräch beteiligt und so betete ich: „Herr, ich möchte das Richtige machen. Es soll mir nicht darum gehen, dass ich etwas sage, weil ich die einzige Frau bin oder weil es mein generelles Recht oder meine Pflicht ist." Es ging mir darum, etwas zu sagen, was der Gruppe weiterhalf und so entschied ich mich, für eine Chance zu beten: „Schenke du mir die Möglichkeit etwas beizutragen, Herr. Ich möchte lernen, wie so etwas funktioniert."

Urplötzlich drehten sich alle zu mir und fragten, was ich zu der Angelegenheit sagen würde. In dem Moment begriff ich: „Okay Herr, du öffnest anscheinend die Türen, durch die ich hindurch gehen soll. Ich muss meinen Blick nur weiterhin auf dich gerichtet lassen und auf das hören, was du mich sagen oder tun lassen willst. Es geht darum bereit zu sein, wenn die Tür sich öffnet. Wenn du allerdings sagst, setz dich einfach hin, relaxe und genieß das Leben, dann mache ich das auch".

Obwohl ich glaube, dass wir Gott bitten sollten, uns in alltäglichen Gesprächen zu gebrauchen, bin ich der Meinung, dass man nicht aus jeder Diskussion eine riesige Sache machen sollte. Statt dessen sollten wir entspannen und uns selbst nicht immer für so wichtig nehmen. In diesem Fall aber wusste ich, dass Gott die Gelegenheit nutzen wollte, um mir zu zeigen, dass ich ihm vertrauen konnte. Ich sollte verstehen, dass ich mir keine Sorgen darüber machen musste, ob ich am Geschehen teilhaben könnte oder nicht. Ich hatte Gott an meiner Seite und er war es, der mir die Türen öffnen würde!

Von dem Tag an, hatte ich mit dem Thema keine Probleme mehr. Sobald Zweifel in mir aufkommen, muss ich mich nur daran erinnern, wie sehr ich Gottes Wirken in meinem Leben beobachten kann. Ich bin nicht auf mich allein gestellt, sondern werde von einem Gott begleitet, der möchte, dass ich seinen Plan für mein Leben auslebe. Er ist es auch, der stark genug ist, die notwendigen Türen zu öffnen. Es ist unglaublich, wie viel unnützes Streben man vermeiden kann, wenn man in diesem Punkt auf Gott vertraut. Ich durfte lernen, dass Gott uns mit besonderer Vollmacht und Segen ausstattet, wenn er es ist, der einen in eine bestimmte Position bringt und man nicht selbst versucht, sie an sich zu reißen. Letztendlich geht es nur darum, ob ich Gott genug vertraue, um ihm die Leitung für mein Leben vollständig zu überlassen. Glaube ich wirklich, dass ihm mein Wohl am Herzen liegt? Lasse ich ihn mein Leben leiten? Oder halte ich die Zügel selbst in der Hand, weil mich der Gedanke begleitet, dass ich nur einmal lebe und dieses Leben daher fest kontrollieren möchte?! Lasse ich mich bei der Frage, wie ich mir Gehör verschaffen kann von der Welt anregen oder von Gott?

Diese Tatsache zu erkennen, ist die eine Sache, es auszuleben, die andere. Die größte Herausforderung war, meine Ehrbegierde abzulegen. Darauf zu warten, dass Gott einem eine Plattform gibt, beinhaltete nun einmal ebenfalls, manchen Gesprächen oder Situationen nichts Besonderes hinzuzufügen. Genau in solchen Momenten musste ich lernen, mich zu entspannen und einfach nichts zu machen. Allerdings hatte ich mit dem Verlangen zu kämpfen, ständig etwas tun zu wollen, damit ich mich bedeutsam fühlte. Gott konnte eine noch so schöne Erholungszeit für mich geplant haben, ich würde sie sicherlich wieder dadurch verderben, dass ich „etwas Wichtiges" für ihn tun wollte. Selbst, wenn Gott vielleicht einfach wollte, dass ich Zeit für meine Familie oder David hatte, verspürte ich den Drang, rauszugehen und durch unseren Dienst bei JMEM „die Welt zu verändern".

Letztlich lag in diesen Aktionen keine Vollmacht, weil sie allein meine Ideen waren und nicht Gottes. Ich wollte auf jeden Fall ein bedeutsames Leben führen. Dafür musste ich aber Gottes Anweisungen folgen, nicht meinen eigenen selbstsüchtigen Bestrebungen.

Ein Teil meiner Veränderung, mit dem ich anfangs sehr zu kämpfen hatte, war herauszufinden, wer ich war und dann selbstsicher damit umzugehen. Verstand ich inzwischen langsam, dass Gott mich liebte, so wollte er mich nun ein neues Maß an Geborgenheit und Zuversicht erleben lassen. Um das zu erreichen, forderte er mich zu immer weiteren Schritten des Gehorsams auf. Eine dieser Herausforderungen wartete an Weihnachten auf mich.

Während einem Weihnachtsgottesdienst von JMEM hatte jeder der Anwesenden die Möglichkeit Gott ein Geschenk zu machen. Dazu konnten die Leute aufstehen und der Gruppe von vorne mitteilen, was sie Gott geben wollten. Obwohl ich bei dem Gedanken vor Leuten zu reden, immer noch sehr nervös wurde, wusste ich, dass ich aufstehen sollte. Allerdings hatte ich keine Idee, was ich Gott schenken könnte. Als ich dann nachdachte, fasste ich den Entschluss, ihm meine Menschenfurcht zu geben. Mein Problem war nämlich, dass ich zwar bereit war, ein gutes Bild von mir selbst aufzubauen, dieses aber törichterweise nicht von Gottes Gedanken über mich abhängig machte. Statt dessen basierte es darauf, ob ich von meiner Umgebung Wertschätzung erfuhr oder nicht. Letztendlich kann mir aber nur Gott Frieden über mich selbst geben. Er ist mein Schöpfer und weiß daher, wie und warum er mich gemacht hat. Warum mich also an andere Leute wenden, um bestätigt zu kriegen, dass ich wichtig bin oder Grund zu Selbstbewusstsein habe. Das macht doch gar keinen Sinn! Die wissen selbst nicht mehr über mich, als ich es tue. Es ist einzig und allein mein himmlischer Vater, der mir Selbstvertrauen und Selbstsicherheit geben kann.

Offensichtlich war das Erste, was Gott in dieser Hinsicht von mir wollte, dass ich vor den Leuten dieses Weihnachtstreffens aufstehe um kundzutun, dass ich niemand anderem folgen wollte, außer ihm. Ich wollte mein Augenmerk von jetzt an nicht mehr auf die Meinungen der Menschen richten, sondern auf das, was Gott über mich dachte.

Es war für mich etwas komisch und unbehaglich nach vorne zu gehen, da ich doch so nervös war, weil ich nicht genau wusste, was ich da überhaupt tat. Trotzdem war ich davon überzeugt, dass Gott an diesem Abend Demut von mir verlangte. Ich sollte von der Entscheidung erzählen, ihm alleine zu folgen!

Ich war mehr als sprachlos darüber, wie viele Leute nach dem Gottesdienst auf mich zu kamen, um mit mir zu reden. Sie kamen sicherlich nicht deshalb, weil ich eine gute Rhetorikerin gewesen wäre. Was sie wahrgenommen hatten, war mein Schritt des Gehorsams. Sie konnten sehen, dass ich trotz meiner Angst versuchte, all das für Gott zu tun, worum er mich bat. Das Erlebnis dieses Weihnachtsabends sorgte definitiv für einen Wachstumsschub in meinem Glauben. Ich lernte, was für eine Kraft in der Bereitschaft steckt sich anderen Leuten gegenüber verletzlich zu zeigen. Was für ein enormer Schritt für eine Person, die zuvor nie auf den Gedanken gekommen wäre, mit irgendjemandem über irgendetwas zu reden. Hinzu kam, dass es auch die Leute um mich herum ermutigte, eigene Schritte des Glaubens zu gehen.

Es stellte sich heraus, dass es für meine Zukunft entscheidend gewesen war, an diesem Tag den Mut aufzubringen, vor der Gruppe aufzustehen. Jedes Mal, wenn ich Gott sagen hörte: „Ich möchte, dass du diesen Schritt tust, damit du dich weiterentwickelst“, konnte ich mich an diesen Abend erinnern. Mir war nun bewusst, dass ich etwas wagen musste, um mich vorwärts zu bewegen. Ansonsten würde ich auf ewig mit ein und demselben Problem ringen und nicht von der Stelle kommen.

Ich stand am Anfang eines Prozesses, bei dem ich viel lernte. Zum Einen, dass ich in der Gewissheit ruhen konnte, dass Gott mich liebte und mir ein aufregendes Leben bevorstand. Zum Anderen, dass ich eine annehmbare Person war und daher nicht versuchen brauchte, jemand anderes zu sein. In diesem Vertrauen konnte ich mich von Gott verändern lassen und von ihm lernen, ohne in der Zwischenzeit den Gedanken zu haben, dass ich nicht gut genug sei oder mich verstellen müsste.

Nachdem ich Gott Weihnachten mein Geschenk gegeben hatte, fiel mir auf, dass David nicht nach vorne gegangen war. Anfangs fragte ich mich noch nach dem Grund. Doch dann entschied ich, dass es nicht meine Sorge sein sollte, ob Gott David um etwas bat oder nicht. Hatte ich mich nicht schließlich gerade dazu entschieden, meine Schritte zu gehen ohne ständig auf die Leute um mich herum zu gucken? Ich liebte die Sachen, die Gott mir beibrachte, genau so wollte ich immer leben.

7 Endlich ein Zuhause

Jetzt hatte ich aber erst mal keine Zeit, um darüber nachzudenken, ob David und ich getrennte Berufungen haben könnten. Wir befanden uns mittlerweile in Griechenland und der Rest des Teams war ebenfalls eingetroffen. Obwohl wir die nächsten sechs Wochen in einem Zelt wohnten und keinen Warmwasseranschluss hatten, hätten wir nicht glücklicher sein können. Für die ersten Tage nervte es schon, dass ich mich nicht richtig waschen konnte. Ich befand dann jedoch, dass es entspannter sei, die Kleidung nicht all zu häufig zu wechseln und duschen auch nicht unbedingt notwendig sei.

Wenn wir frei hatten, gingen David und ich zu einer nahegelegenen, heruntergekommenen Bretterbude, bei der wir den besten Joghurt und Eiskaffee unseres Lebens kaufen konnten. Die Aufführungen fanden in Amphitheatern und auf Straßen statt. Dabei durften wir erleben, wie viele Menschen durch die Aufführungen zum Glauben kamen. Eines Tages wurden wir sogar eingeladen, eine Privatvorführung für den Premierminister Griechenlands und einige seiner Berater zu geben. Und zwar in seinem eigenen Amphitheater. David konnte, nachdem wir fertig waren, sogar noch predigen! Wir waren total verblüfft, dass uns diese griechischen Amtspersonen tatsächlich bei allem was wir taten, aufmerksam zuhörten. Im Anschluss waren wir zum Essen in eines der Häuser im nahe gelegenen Villenviertel eingeladen. Um dort hinzugelangen, mussten wir einen Weg entlang gehen, der hoch über dem Meer lag und uns die Sicht auf das blauste und schönste Wasser schenkte, das ich je gesehen hatte. Als wir ankamen dachte ich: „Was für ein verrücktes Leben führe ich überhaupt?

An dem einen Tag wohne ich in einer Abstellkammer ohne Tür in Amsterdam, wo der Putz von den Wänden bröckelt und am nächsten Tag befinde ich mich in einer umwerfend schönen Villa in Griechenland!"

Die Reise nach Athen bestätigte eine der ersten Sachen, die ich in Amsterdam gelernt hatte: wenn ich wachsen und neue Dinge erleben wollte, durfte ich mich nicht gegen Veränderungen sträuben, sondern musste in Bewegung bleiben. Denn um wirklich alles zu erleben, was Gott für mich bereithielt, durfte ich nicht darauf bestehen, selbst an der Kontrolle festzuhalten. Ich musste flexibel und beweglich genug sein, um bereitwillig das zu tun, worum Gott mich bat. Sollte ich sagen: „So Gott, das reicht, von nun an möchte ich die Fäden lieber wieder selber in der Hand halten", würde ich mich selbst ausbremsen und schlichtweg verpassen, was Gott für mich vorsah. Das alles war kein Spiel und die Entscheidung darüber, die Verantwortung für mein Leben an Gott abzugeben oder selbst festzuhalten, lag bei mir. Angst bei meinen Aufgaben zu versagen, müsste ich jedenfalls nicht haben, weil er mir die nötigen Fähigkeiten geben wird, wenn er mich zu etwas beruft. Eigentlich war die Fähigkeit mich neuen Situationen anpassen zu können, bis jetzt die wichtigste in meinem Leben gewesen. Sie half mir dabei alles zu tun, worum Gott mich auf diesem für mich unvorhersehbaren Lebensweg bisher gebeten hat. Sei es etwas, was ich schon einmal getan hatte oder etwas, von dem ich noch nicht so viel Ahnung hatte. Um ein außergewöhnliches Leben zu führen, konnte ich nicht darauf bestehen, die Zügel selbst in der Hand zu halten. Wenn ich das tue, halte ich mich selbst davon ab, das Beste zu erleben!

Zu diesem Zeitpunkt wusste ich noch kaum etwas über den Teufel. Mir war natürlich bewusst, dass es ihn gibt, aber das war auch schon alles, was mir bekannt war. Ich musste dann allerdings recht schnell lernen, dass ihm unser Lebensstil missfiel und er alles daran setzte uns aufzuhalten. Meine erste Erfahrung dieser Art war vor einer Straßenaufführung unserer Theatergruppe. Ich ärgerte mich aus irgendeinem Grund über eines der Teammitglieder. Auf jeden Fall konnte ich diese Person in diesem Moment nicht ertragen. Obwohl ich wusste, dass ich auftreten musste, dachte ich: „Wie soll ich da rausgehen um den Leuten zu erzählen, dass Gott sie liebt und ihr Leben ändern kann, wenn ich es selbst gerade nicht einmal schaffe, meine Teamkollegen gern zu haben. Nein, das kann ich nicht machen, ich bin doch keine Heuchlerin!“

Als ich weiterdachte, wurde mir bewusst, dass ich niemals behauptet hatte perfekt zu sein. Vor allem war Gott meine Unvollkommenheit schon bekannt, bevor er mich aufforderte, dem Theaterteam beizutreten. So erkannte ich, dass ich wirklich aufhören musste, mir so viele Gedanken über mich selbst zu machen. Stattdessen sollte ich lieber wegen meiner ablehnenden Haltung um Vergebung bitten und das Team unterstützen. Durch diese Erfahrung lernte ich zwei Dinge.

Erstens, dass es mich davon abhielt von Gott eingesetzt zu werden, wenn ich zu viel über mich nachdachte. Ich wollte nicht aus jedem Problemchen, das meinen Weg kreuzte, eine große, dramatische Sache machen. Was ich wirklich wollte, war jedes Problem an Gott abzugeben und ihn um Hilfe zu bitten. Ich sehnte mich nach der Ungezwungenheit, die darin liegt, sich selbst nicht zu ernst zu nehmen. Ja, ich bin ein Sünder, und wenn ich gesündigt habe, muss ich Gott um Vergebung bitten und umkehren, aber dann auch weitergehen.

Zweitens, dass mir alle möglichen Gedanken in den Kopf kommen um mich abzuhalten, wenn Gott mich bittet, etwas für ihn zu tun. Gedanken, die mir sagen, wie sündhaft ich sei, wie unzureichend ich sei, selbst wie müde ich sei und daher nicht mehr genügend Kraft hätte. Irgendwann merkte ich endlich, dass mir manche dieser Gedanken jedes Mal kamen, sobald ich einen Schritt des Gehorsams ging. Somit fing ich an in der Bibel über die Angriffe des Teufels nachzuforschen. Was ich herausfand war, dass er der Vater der Lügen (Johannes 8,44) ist und es sein Ziel ist, uns zu vernichten (Johannes 10,10).

David und ich wurden mit der Zeit richtig gut darin, die Lügen zu entlarven, die der Teufel dem jeweils anderen einreden wollte. Bei David war es zum Beispiel so, dass er, bevor er anfing zu predigen oder mit anderen über Gott zu reden, Gedanken bekam wie: „Warum denkst du eigentlich, dass du predigen könntest? Was hast du schon zu sagen?“ Meine Aufgabe war es, die Lügen zu erkennen und David daran zu erinnern, dass dies nur mal wieder der gleiche, alte Haufen von Lügen war, die Satan immer benutzte. Unsere stärkste Waffe war es, uns mit der Bibel zu befassen, damit wir Gottes Wahrheit den Lügen des Teufels entgegenhalten halten zu können.

Ich entdeckte, dass der Teufel versuchte, die Wunden meiner Vergangenheit dazu zu benutzen, mich in der Gegenwart zu verletzen. Da ich mich in der Vergangenheit häufig unfair behandelt gefühlt hatte, versuchte der Teufel, mir in bestimmten Situationen einzureden, dass ich schon wieder ungerecht behandelt würde. Er wollte, dass ich mich ignoriert, außen vorgelassen oder übersehen fühlte. Aufgrund meiner Erfahrungen als Jugendliche war ich für diese Lüge natürlich sehr empfänglich. Damals befürchtete ich nicht lebhaft genug zu sein, um von meiner Umwelt wahrgenommen zu werden und dadurch einige Chancen zu verpassen, die ich vielleicht verdient gehabt hätte. Da der Teufel darüber Bescheid wusste, versuchte er logischerweise mich im Erwachsenenalter mit den gleichen Gedanken zu bombardieren. Was ich zu tun hatte war, mich mit der Lüge auseinanderzusetzen und herauszufinden, was Gott dazu zu sagen hatte. In Psalm 139,1-16 fand ich Folgendes:

> Herr, du durchschaust mich, du kennst mich bis auf den Grund. Ob ich sitze oder stehe, du weißt es, du kennst meine Pläne von ferne. Ob ich tätig bin oder ausruhe, du siehst mich; jeder Schritt, den ich mache, ist dir bekannt. Noch ehe ein Wort auf meine Zunge kommt, hast du, Herr, es schon gehört. Von allen Seiten umgibst du mich, ich bin ganz in deiner Hand. Dass du mich so durch und durch kennst, das übersteigt meinen Verstand; es ist mir zu hoch, ich kann es nicht fassen. Wohin kann ich gehen, um dir zu entrinnen, wohin fliehen, damit du mich nicht siehst? Steige ich hinauf in den Himmel - du bist da. Verstecke ich mich in der Totenwelt - dort bist du auch. Fliege ich dorthin, wo die Sonne aufgeht, oder zum Ende des Meeres, wo sie versinkt: auch dort wird deine Hand nach mir greifen, auch dort lässt

du mich nicht los. Sage ich: »Finsternis soll mich bedecken, rings um mich werde es Nacht«, so hilft mir das nichts; denn auch die Finsternis ist für dich nicht dunkel und die Nacht ist so hell wie der Tag. Du hast mich geschaffen mit Leib und Geist, mich zusammengefügt im Schoß meiner Mutter. Dafür danke ich dir, es erfüllt mich mit Ehrfurcht. An mir selber erkenne ich: Alle deine Taten sind Wunder! Ich war dir nicht verborgen, als ich im Dunkeln Gestalt annahm, tief unten im Mutterschoß der Erde. Du sahst mich schon fertig, als ich noch ungeformt war. Im Voraus hast du alles aufgeschrieben; jeder meiner Tage war schon vorgezeichnet, noch ehe der erste begann. Wie rätselhaft sind mir deine Gedanken, Gott, und wie unermesslich ist ihre Fülle!

Diese Verse waren genau das, was ich brauchte. Weder ignorierte mich Gott, noch schloss er mich aus oder übersah mich! Ganz im Gegenteil wusste er jede Einzelheit über mich und hatte bereits jeden Tag meines Lebens im Vorhinein geplant. Mit der Wahrheit im Rücken war ich in der Lage den Lügen des Teufels keinen Glauben mehr zu schenken. Es war an mir, die falschen Gedanken gegen die Wahrheit auszutauschen und so lange darüber zu meditieren, bis sie ein Teil von mir wurden. Wir finden das in Johannes 8,31-32 wieder, wo steht:

Jesus sagte zu den Juden, die zum Glauben an ihn gekommen waren: Wenn ihr bei dem bleibt, was ich euch gesagt habe, und euer Leben darauf gründet, seid ihr wirklich meine Jünger. Dann werdet ihr die Wahrheit erkennen und die Wahrheit wird euch frei machen.

In meiner Lage bedeutete es zu sagen: „Gedanken, ihr seid Lügen! Die Wahrheit ist, dass sich Gott für jede Einzelheit meines Lebens interessiert. Er interessiert sich nicht nur, sondern hat jedes Detail eigenhändig geplant. So führt er jeden meiner Schritte und passt auf mich auf. Er ist mein Vater und ich bin sein geliebtes Kind!“

Von diesem Tag an haben David und ich jeden Tag von der Möglichkeit Gebrauch gemacht, die Lügen des Teufels zum Schweigen zu bringen. Wir sollten fest damit rechnen, dass der Teufel uns immer anlügen wird, insbesondere dann, wenn wir einen Schritt des Gehorsams gehen wollen. Deswegen sollten wir mit der Wahrheit Gottes vertraut werden, indem wir über ihr meditieren und sie auswendig lernen. Nur dadurch sind wir in jeder Situation dazu fähig Lügen abwehren zu können.

Wir waren mittlerweile zwei Jahre verheiratet. Zwei Jahre, die Gott mit vielen Erfahrungen angereichert hatte, aus denen wir einiges lernen durften. Nun waren wir an dem Punkt angekommen, über Kinder nachzudenken und mit Gott darüber zu reden. Wir hatten dann auch beide das Gefühl, dass der Zeitpunkt richtig sei und so wurde uns bereits im nächsten Frühling unser ältester Sohn Aaron geboren. In Amsterdam war es üblich, Kinder zu Hause zu bekommen, was mir ehrlich gesagt sehr zusagte. Denn, obwohl ich schon seit längerem in Amsterdam lebte, wirkten die Krankenhäuser immer noch fremdartig auf mich. Meine Mutter kam sogar extra zu meiner Unterstützung aus Brasilien eingeflogen, wo sie mit meinem Vater als Missionarin arbeitete. Ich liebte es Mutter zu sein. Die Anwesenheit unseres Sohnes hinderte uns aber nicht daran, die nächsten zwei Jahre weiterhin alles gemeinsam zu unternehmen. Der einzige Unterschied lag darin, dass uns Aaron überall hin begleitete.

Während der folgenden zwei Jahre fingen wir an, über eine Veränderung in unserer Missionsarbeit nachzudenken. Bis dahin waren wir einige Jahre Teil des Theaterteams gewesen, mit dessen Hilfe viele Leute zu Jesus gefunden hatten. Jetzt allerdings verspürten wir das Gefühl, dass Gott unsere Aufmerksamkeit auf einen Dienst speziell für die jungen Leute der Stadt richten wollte. Je mehr wir darüber redeten und beteten, desto gewisser wurden wir darüber, dass sich unser Fokus verschieben sollte. Es war an der Zeit einen Weg zu finden, die Jugend zu Gott zu bringen.

Wir verließen also den einen Dienst, um einen anderen zu starten. Nachdem wir aber sowohl unsere Arbeit im Theaterteam, als auch im Rotlichtviertel niedergelegt hatten, befanden wir uns auf einmal in einer dieser verwirrenden Übergangsphasen, die einem ein Gefühl der Unsicherheit geben. Eines unserer größten Probleme war, dass wir keine Unterkunft mehr hatten. Bis dahin hatten wir Wohnungen immer nur für kürzere Zeiträume gemietet, weil wir sowieso viel herumreisten. Das Gleiche galt für unsere aktuelle Wohnung, in der wir nur für drei Monate bleiben konnten. Wir mussten es irgendwie schaffen, eine Wohnung zu finden und zwar schnell. Und dies in Amsterdam, einer Stadt, in der der Wohnungsmarkt mehr als schlecht aussah. Kein Wunder, dass wir in den nächsten Monaten von einem vorläufigen Platz zum nächsten zogen. Einmal kamen wir jedoch nicht drum herum, für vier Nächte in einem Hotel zu übernachten, da wir keine andere Unterkunft fanden. Manchmal machten wir sogar Housesitting, während die Hausbewohner verreist waren. Obwohl ich froh war, ein Dach über dem Kopf zu haben, konnte ich mich in den fremden Häusern nie vollkommen entspannen. Meine Sorgen galten dem, nichts kaputt zu machen oder zu beschädigen, damit wir die Eigentümer nicht verärgerten. Daher arbeitete ich bei jedem Umzug auch bis zum Umfallen, um das Haus auf jeden Fall im ursprünglichen Zustand zu hinterlassen.

Eines Tages dachten wir, endlich einen endgültigen Platz für uns gefunden zu haben, aber dieser Traum war nach einer Stunde schon wieder vorbei. Der Vormieter muss ein Katzenliebhaber gewesen sein, zumindest war die ganze Wohnung mit Katzenhaaren bedeckt und die Luft war von einem intensiven Katzenklogeruch geprägt. Abgesehen davon, dass ich es selbst nicht ausstehen konnte, galt mein Hauptgedanke meinem neugeborenen Sohn, den ich nicht an solch einem Platz wohnen lassen wollte. Das war das Ende der Geschichte.

David und ich ließen im Beten nicht nach und kamen zu dem Entschluss, in ein Schulungsgebäude von JMEM zu ziehen, um an einem holländischen Sprachkurs teilzunehmen. Trotzdem mussten wir in den folgenden neun Monaten weiterhin aus verschiedensten Gründen regelmäßig umziehen, aber wir steuerten zumindest auf ein Ziel zu.

Diese ganzen Veränderungen und Umzüge waren für mich zu keiner Zeit ein Grund, daran zu zweifeln, ob wir in Amsterdam wirklich am richtigen Platz waren. Ich wusste, dass Gott damals an dem einen Tag in der Uni zu mir gesprochen und mich in diese Stadt gerufen hatte! Außerdem dauerte es noch viereinhalb Jahre, bevor ich letztendlich aufbrach. Viereinhalb Jahre, in denen ich fertig studieren und mir darüber bewusst werden konnte, was es wirklich bedeuten würde, alles Vertraute hinter mir zu lassen und es gegen eine fremde Stadt einzutauschen. Für mich war dieser Schritt eindeutig von Gott, so dass ich selbst rückblickend kein einziges Mal ernsthaft an dieser Entscheidung zweifelte.

Das hieß allerdings nicht, dass in Holland nur leichte Zeiten auf uns warteten. Meine erste Reaktion bei Problemen war immer, Gott um Hilfe zu bitten, nicht David. Es war schließlich Gott, der mich berufen hatte. Meine Berufung stellte somit alleine eine Sache zwischen Gott und mir dar. Natürlich redete ich ebenfalls mit David in allen Einzelheiten über meine Probleme. Der Unterschied lag darin, dass Gott und nicht David für meinen Schritt nach Amsterdam verantwortlich gewesen war. Wäre ich nur nach Holland gekommen, weil David das Gefühl hatte, dass es richtig sei, würde meine Reaktion wahrscheinlich anders aussehen. Dann würde ich mich bei jedem Problem an ihn wenden und zwar entweder mit der Bitte um eine Lösung oder einfach um ihn für meine Lage verantwortlich zu machen. Meiner Meinung nach forderte Gott aber etwas anderes von mir. Was ich wirklich wollte, war eine enge Beziehung mit Gott, auf die ich mich in meiner Ehe und Beziehung zu David stützen konnte.

Nachdem wir im Frühjahr den Sprachkurs beendet hatten, fragten wir uns erneut, was wohl als nächstes anstand. Wir fühlten uns immer noch zu den jungen Leuten Amsterdams gerufen, wussten jedoch nicht genau, wie wir das angehen konnten. Deshalb zogen wir zwar nach Amsterdam zurück um wieder an der Aktion „Sommerdienst" von JMEM teilzunehmen, nutzten die Zeit aber ebenfalls um weiter über unsere Pläne zu beten. Zusätzlich mussten wir uns auch um einige praktische Dinge kümmern, wie zum Beispiel die Wohnungssuche. Mit dem Ende des Sommereinsatzes würden wir keine Unterkunft mehr haben, aber durch unsere Mitarbeit wiederum hatten wir kaum Zeit zu suchen. Als ich dann eines Tages mit Aaron spazieren ging, bat ich Gott einfach, mir den Stadtteil zu zeigen, in dem wir wohnen sollten. Letzten Endes landete ich in einer Gegend, die Nieuwmarkt hieß und meiner Meinung nach perfekt war, weil sie mitten in der Innenstadt lag. Um dort allerdings eine Wohnung zu bekommen, musste ein Wunder geschehen.

Wie allgemein üblich in dieser Stadt, mussten wir uns in eine Warteliste für Wohnungssuchende eintragen. Auf Grund mangelnder Wohnungsangebote warteten Leute teilweise mehrere Jahre, bis ihnen ein Angebot zur Verfügung stand. Nicht verwunderlich, dass wir alles stehen und liegen ließen, als uns ein Freund seinen Zettel in die Hand drückte, der ihn dazu berechtigte eine frisch renovierte Wohnung am Nieuwmarkt zu besichtigen. Unsere Aufregung war besonders groß, weil das genau die Gegend war, die Gott mir vorher gezeigt hatte.

Tatsächlich vergingen nur wenige Sekunden, nach dem Eintreten in die Wohnung, bis David dem Vermieter mitteilte, dass wir sie gerne nehmen würden. Es gab so viele dunkle, nasse und dreckige Löcher in dieser Stadt, diese Wohnung hingegen war hell, nagelneu und sauber. Wir konnten gar nicht glauben, dass wir bald eine ganze Wohnung für uns alleine haben würden! Sie bestand aus einer kleinen Küche und drei winzigen Zimmern, die über zwei Etagen verteilt waren. Das sorgte dafür, dass unsere neue Unterkunft viel größer wirkte, als sie es eigentlich war. Wir schlossen sie sofort ins Herz und konnten uns gar nicht vorstellen, wie es sein würde, bald in diesem großartigen, neuen Zuhause leben zu dürfen. Eines stand fest, unser Leben würde nun ganz anders werden.

Die letzten drei Monate, bevor wir umzogen, verbrachten wir in dem im Rotlichtviertel gelegenen Cleft, in dem ich bereits während meines ersten Aufenthalts in Amsterdam gewohnt hatte. Mittlerweile hatte ich mich so an dieses Viertel gewöhnt, dass ich manchmal vergaß, wie verrückt es hier eigentlich war. Einmal kam ich in Gedanken versunken vom Einkaufen zurück und lief fast in einen Mann hinein. Ich konnte gerade noch seinen wild vor seinem Körper herumkreisenden Armen ausweichen. Er begegnete in seinem Drogenrausch anscheinend irgendetwas oder irgendjemandem, der ihn bedrohte. Ich war schockiert, wie normal es für mich geworden war unter Leuten zu leben, die sich offensichtlich selbst zerstörten und nahm mir daher vor, mich wieder daran zu erinnern, wo ich hier wohnte. War während meiner ersten Monate in Amsterdam noch alles neu und verspürte ich den Drang, mit allen Leuten über Gott zu reden, schien ich diese nun zu vergessen. Obwohl ich immer noch diesen inneren Drang hatte und um mich herum lauter verquere Sachen passierten, hatte ich mich komplett von meinen eigenen Angelegenheiten einnehmen lassen.

Im Rotlichtviertel zu wohnen, bedeutete täglich die Anziehungskraft der Sünde beobachten zu können. Wir hatten zur Straße hin einen kleinen Balkon, von dem aus ich häufig zuschaute, wie Männer zu der benachbarten Sex-Show gingen. Bevor sie eintraten, schienen sie alle das gleiche Ritual zu durchlaufen. Zuerst würden sie an dem Club vorbeigehen, sich dann jedoch umdrehen, um abermals den Eingang zu passieren. Die mutigen Männer würden sich daraufhin schnell dem Eingang zuwenden und hinein eilen. Andere liefen zuerst noch ein paar Mal auf und ab, bevor sie hinein gingen. Sie brauchten erst einmal Zeit um Mut aufzubringen, da sie wussten, dass das, was sie taten, falsch war. Sobald sie allerdings die Entscheidung getroffen hatten, endlich einzutreten, liefen sie regelrecht in Richtung Tür.

Schließlich war es soweit, dass wir aus dem Rotlichtviertel in unsere brandneue, wunderschöne Wohnung zogen. Ich erinnere mich sogar noch an das Datum, den achten November. Wir konnten aber auch wirklich nicht glauben, dass dies unser eigenes Reich war! Hinzu kam, dass in unserem Hinterhof ein Gemeinschaftszentrum mit angeschlossenem Spielplatz lag, wo Kinder mit ihren Freunden in Sicherheit spielen konnten. Man muss wahrscheinlich in Amsterdam gelebt haben, um zu verstehen, was für ein Wunder das war. Andere Kinder mussten auf der Straße spielen, was in dieser Stadt ganz und gar nicht zu begrüßen war. Somit waren David und ich immer wieder aufs Neue für das Geschenk dieses Spielplatzes dankbar. Es war genauso ein Wunder, wie der Wohnungsfund überhaupt eines war. Letztendlich wohnten wir dort für zwölf Jahre, wobei wir jeden Tag ein Gefühl der Dankbarkeit empfanden.

8

Weil ich dir vertraue

Nach dem „Sommerdienst" fingen wir schließlich an, Anderen von unserem Wunsch zu erzählen, die jungen Leute Amsterdams zu erreichen. Barry und Kay Johnson wurden Teil eines von uns zusammengestellten Teams, mit welchem wir einen Plan entwickelten. Barry, David und ein weiterer Mann namens Brian trafen sich regelmäßig spätabends, um darüber zu beten, auf welchem Weg wir die Leute am besten kennenlernen konnten. Während sie beteten, hatten sie das Gefühl, sie sollten zu den Clubs gehen, wo sich Amsterdams Jugendliche treffen. Diese Clubs öffneten gegen elf Uhr abends und schlossen gegen vier Uhr morgens. Kay und ich konnten nicht mitgehen, da wir beide Mütter waren. Mir gab die Situation wieder einmal Anlass, darüber nachzudenken, ob David und ich verschiedene Berufungen haben könnten. Dass ich schwanger war, verstärkte den Gedanken noch mehr. Ich hatte allerdings nie daran gezweifelt, Kinder haben zu wollen. Meine einzige Frage war die des richtigen Zeitpunktes. Wusste ich diesen, war alles Weitere allein eine Sache davon, meinen Lebensstil den neuen Umständen anzupassen. David und ich hatten zuvor über ein weiteres Kind gebetet und beide empfunden, dass der richtige Zeitpunkt gekommen war.

Meine Mitarbeit in der Mission mit der Rolle der zweifachen Mutter zu verbinden, war eigentlich nicht weiter schwer. David und Barry lernten die Leute nachts kennen, woraufhin Kay und ich zu normalerer Tageszeit die Chance nutzten sie zu besuchen. Insofern war ich weiterhin in die Arbeit involviert. Irgendwann realisierte ich aber, dass mein Engagement doch ein Problem werden könnte. Und damit war ich nicht die Einzige. Ich kannte viele Missionarsfrauen, die mit dem gleichen Sachverhalt zu kämpfen hatten wie ich. Besonders solche, die bereits als Missionarinnen aktiv waren, bevor ihre Kinder zur Welt kamen. Sobald der Nachwuchs da war merkten sie, dass sich etwas an ihrem Lebensstil und Tagesablauf ändern musste. Leider fiel es nicht allen leicht, sich der neuen Situation anzupassen. Auch ich liebte es, wie gehabt, immer mitten im Geschehen zu stehen, musste mich nun aber der Tatsache stellen, zweifache Mutter zu sein. Mittlerweile hatte nämlich unser zweiter Sohn Ben die Familie erweitert. So musste ich bereit sein, Veränderungen zuzulassen.

Meine größte Mühe war herauszufinden, worin genau eigentlich mein Problem lag. Zu sagen, dass ich meine Jungs liebte, war eine Untertreibung, denn ich war regelrecht in sie vernarrt! Andererseits liebte ich es, in unserem Missionsdienst mitzuarbeiten. Im Grunde genommen war mein Problem, dass ich am liebsten alles machen wollte! Worauf es ankam war, dass ich Gott nach meinen Aufgaben fragte und mich daraufhin nicht in mehr involvierte, als er mir auftrug. Alles andere hätte bedeutet, nicht ausschließlich Gottes Anweisungen zu folgen, sondern entweder meinem selbstsüchtigen Streben oder den Erwartungen anderer Leute. Außerdem hätte eine Mitarbeit gegen seinen Willen nur zur Folge gehabt, dass ich meine Zeit verschwendete und meinen Kindern schadete.

Wieder einmal lief alles auf ein paar simple Fragen hinaus: Vertraute ich Gott in Sachen Lebensplanung? Glaubte ich, dass ihm mein Bestes am Herzen lag? Glaubte ich wirklich, dass er am besten wusste, wie ich mein Leben zu führen hatte? Es ging allein darum, ob ich Gott vertraute. Und da mir diese Frage so häufig im Leben begegnete, wusste ich, dass sich an dieser wichtigen Frage die Qualität meiner Zukunft als Missionarin entscheiden würde.

Gott hatte mir zwei Söhne geschenkt und ein Leben, in dem ich mich sowohl um die beiden kümmern, als auch Leuten als Missionarin von Jesus erzählen konnte. Die Tatsache, dass ich Kinder hatte, änderte nichts daran, dass ich ein außergewöhnliches Leben führen wollte. Ich musste mich lediglich an das erinnern, was Gott mir vor einiger Zeit gesagt hatte: Es gab nur einen Weg, auf dem ich die

Art von Leben führen konnte, nach dem ich mich sehnte. Und zwar ihm, einzig und allein ihm, zu folgen. Darum nahm ich es ernst, als Gott zu mir sagte: „Jodi, es ist Zeit, ein paar Änderungen in deinem täglichen Lebensablauf vorzunehmen. Mach dir keine Sorgen, denn ich habe vielfältige Pläne, um jeden Tag deines Lebens zu füllen. Erst einmal musst du dafür allerdings bereit sein, alte Ansichten und Gewohnheiten fallen zu lassen, damit ich deinen Alltag neu gestalten kann. Ganz einfach deswegen, weil ich dir ein Leben schenken möchte, in dem Raum für deine beiden Söhne bleibt."

Als ich anfing das umzusetzten, merkte ich, wie sehr ich dieses neue Leben liebte. Während wir einen holländischen Sprachkurs machten, nahm ich den damals achtjährigen Aaron mit auf eine kleine Fahrradtour. Es war ein Moment, indem ich für nichts anderes verantwortlich war. Ich durfte einfach nur die Zeit mit meinem Sohn genießen. Ich konnte mein Glück, so viel Freiheit zu empfinden, kaum fassen. Es sorgte dafür, dass ich darüber nachdachte, wie mein Leben aussehen sollte. Ist es für mich vorgesehen so beschäftigt zu sein, dass ich nicht weiß, wo mir der Kopf steht? Gibt es noch einen anderen Weg, dieses Leben zu führen?

Teil der Veränderung war es, sich an den kleinen Dingen des Alltags zu erfreuen. Denn gerade, weil wir ein intensives und vielseitiges Leben führen durften, musste ich einen gesunden Lebensstil entwickeln. Es war meine Verantwortung, dass es mir und meiner Familie gut ging. Auch wenn dies nur bedeutete, aus reinem Vergnügen eine Fahrradtour zu machen, was nach außen hin vielleicht unbedeutend schien, mir jedoch Freude bereitete. Genau so, wie Gott es sich für mich wünschte! Die gleiche Freude erfüllte mich auch bei einer heißen Dusche, dem Gefühl, in einem warmen Mantel geborgen zu sein, während einem eiskalter Wind ins Gesicht peitscht oder bei der Möglichkeit, sich Musik nur des fantastischen Klangs wegen anzuhören. Es gibt täglich unzählbar viele kleine Geschenke, die Gott vorbereitet hat und nach denen ich einfach Ausschau halten muss. Es liegt an mir, sie wahrnehmen zu wollen und in ihnen Gottes Liebe zu begegnen. Meiner Meinung nach wäre es meine eigene Schuld, würde ich jemals einen Tag erleben, an dem ich das Gefühl hätte, Gott nicht begegnet zu sein. Es würde nämlich bedeuten, dass ich blind an den Geschenken vorbeigelaufen wäre, die er mir mitten auf den Weg stellte. Es liegt dementsprechend in meiner Hand, wie ich auf das Leben schaue. Entweder als Kind, was die behutsame Fürsorge und Liebe seines Vaters erfährt oder als Person, die Gottes stetige Geschenke ignoriert und dadurch erschöpft und abgearbeitet wird.

Ich fing irgendwann an, mir Gedanken zu machen, ob der Druck, den ich empfand, in der Missionsarbeit mitarbeiten zu müssen, kulturbedingt war. Wo ich herkam, galt das Bild, dass starke Frauen beschäftigt waren. Sie sollten fähig sein Karriere zu machen, eine gute Mutter und Nachbarin zu sein, am Gesellschaftsleben teilzunehmen, sich um die Verwandtschaft zu kümmern und vor allem, dabei eine gute Figur zu machen. Nicht wahr?! Je länger ich darüber nachdachte, desto irrsinniger wirkte diese Erwartungshaltung auf mich. Der Einzige, der wusste, wie mein Leben auszusehen hatte und womit ich meine Zeit verbringen sollte, war Gott. Anstatt meine Anweisungen aus Kultur und Umwelt zu beziehen, wollte ich sie von Gott bekommen. Des Weiteren sollte mein Leben nicht darum kreisen mein Ego zu speisen. Ich wollte nicht der eigenen Ehre halber im christlichen Dienst involviert sein und dabei meinen Kindern, meinem Mann, sowie meinem gesamten Umfeld schaden. So etwas hätte Gott sicherlich nicht gesegnet. Noch während ich mich mit dieser Frage auseinandersetzte, machte ich eine Erfahrung, die mir half eine wichtige Entscheidung zu treffen.

Zu der Zeit als Ben erst einige Monate alt war, hatte David einige Termine in Deutschland. Ich war allerdings auf Grund unserer ganzen Reiserei bereits ziemlich erschöpft. Hinter uns lag ein Trip in die Vereinigten Staaten, bei dem Ben gerade einmal zwei Wochen alt war und nun ging es gleich weiter nach Deutschland. Dort angekommen, wurden wir in einen Raum gesteckt, in dem wir alle auf dem Boden schlafen mussten. Da das Zimmer eigentlich ein paar anderen Mädchen gehörte, kamen diese regelmäßig herein um irgendetwas zu holen. Was sie jedes Mal vergaßen war anzuklopfen, wobei diese Tatsache wahrscheinlich darauf zurückzuführen war, dass es normalerweise ihr Schlafzimmer war. Ich konnte es ihnen somit nicht wirklich übel nehmen. Mein Problem lag darin, dass ich mich sowieso schon ausgelaugt fühlte und jetzt auch noch hinzukam, dass wir keinerlei

Privatsphäre hatten. Es konnte schließlich jederzeit jemand unangemeldet das Zimmer betreten. So langsam fing die Situation an, deutlich an meinen Nerven zu zehren.

Eines Tages, als David früh am Morgen duschen ging, beschloss Aaron, dass er mitgehen wollte. Ich hingegen sagte ihm, dass dies keine gute Idee war und er besser bei mir blieb. Während ich also mein Bestes gab, die Kinder so ruhig wie möglich zu halten, damit der Rest des Hauses nicht aufgeweckt wurde, musste ich gleichzeitig versuchen mich selbst fertig zu machen. Man wusste ja nie, wann wieder eines der Mädchen hereinplatzte. Aaron, damals zwei Jahre alt und daher in einem nicht sehr kooperationsbereiten Alter, wurde stetig lauter, da er der Meinung war, dass er hätte mit David gehen sollen. Indessen konnte ich spüren, wie ich selbst immer gereizter wurde. Ehrlich gesagt glaube ich, dass Gott ein Auge auf uns hatte, denn David kam gerade noch rechzeitig vom Duschen zurück, bevor ich komplett die Kontrolle verlieren konnte.

Als wir bei der Tagung ankamen, bei der David sprechen sollte, richtete ich im hinteren Teil des Raumes einen Bereich für die Kinder ein. Ich trennte mit Stühlen einen Kreis ab, in dem sich die Kinder frei bewegen konnten und in dem ich hauptsächlich damit beschäftigt war, die beiden ruhig zu halten, damit sie nicht störten. Natürlich dauerte es abermals nicht lange bis Aaron anfing Krach zu machen und meinen Frustrationslevel zum Ansteigen brachte. Kurz darauf verursachten die Jungs solch einen Lärm, dass ich mich gezwungen sah, den Raum zu verlassen. Zuerst einmal musste ich Ben, Aaron, den Kinderwagen, all unsere Taschen und mich selber aus dem so sorgsam aufgestellten Stuhlkreis befreien. Dank ihm gestaltete sich unser Entkommen nicht gerade als sehr einfach. Am Ende schob und schubste ich regelrecht alles zur Seite und erkämpfte mir meinen Weg aus dem Raum und Gebäude hinaus, wobei ich versuchte nicht völlig die Kontrolle zu verlieren. Wäre ich von Anfang an ruhiger geblieben, hätte ich sicherlich eine andere Lösung für die Situation finden können. In Anbetracht der äußeren Umstände – auf dem Boden zu schlafen, die Kinder ruhig zu halten, umgeben zu sein von Leuten, die uns das letzte Stück unserer minimalen Privatsphäre nahmen - war ich am Ende meiner Kräfte und das Gegenteil von Ausgeglichenheit.

An diesem Punkt angelangt, widersetzte sich meine Frustration allen logischen Grenzen, so dass ich sowohl auf die Gesamtsituation, als auch auf David wütend war. Ich hatte genug und kümmerte mich nicht mehr darum, was bei der Tagung passierte. Folglich machte ich mich kurz entschlossen auf den Weg zum Bahnhof, um keine halbe Stunde später mit den Kindern im Zug nach Amsterdam zu sitzen. Wir hatten ein ganzes Abteil für uns, so dass die Jungs so viel Lärm machen konnten, wie sie wollten. Ich konnte gar nicht glauben, wie glücklich und zufrieden ich auf einmal war. In diesem Moment entschied ich, nie wieder so dumm zu sein, sondern endlich umzudenken! Gott hatte mich gebeten meiner Familie ein Leben in Amsterdam aufzubauen. Er wusste, dass ich Mutter von zwei kleinen Söhnen war, die sowohl mich brauchten, als auch eine Umgebung, in der sie sich wie normale Kinder verhalten durften. Außerdem wartete in Amsterdam eine Fülle von Leuten, die mich brauchten, damit ich ihnen von Gott erzählen konnte.

Durch diesen Vorfall begriff ich allmählich, dass sich Gottes Wirken nicht nur auf den Ort beschränkte, an dem sich David gerade befand. Er konnte genauso gut durch mich in Amsterdam wirken, ganz gleich ob David dabei war oder nicht. Für mich war dieser Gedanke eben deshalb neu, weil wir meistens zusammen im Einsatz gewesen waren. Durch die Veränderung unserer Lebenssituation blieb mir jetzt die Wahl. Entweder drückte ich mich davor, Gott mein Leben umgestalten zu lassen oder ich sagte, Vater, ich habe keine Ahnung, wie dieses Leben aussehen soll, doch eines weiß ich, du hast mir zwei Söhne gegeben für die ich die beste Mutter der Welt sein möchte. David und ich haben bis jetzt immer zusammengearbeitet, aber weil ich dir vertraue, bin ich bereit loszulassen um das zu tun, was du für mich geplant hast.

Um mich herum waren viele ambitionierte Frauen, die großartige Dinge für Gott machen wollten. Ich war eine von ihnen. Allerdings war ich mir darüber bewusst, dass ich dafür den passenden Weg finden müsste, und zwar Gottes Weg. Normalerweise hatte ich immer das Bedürfnis nicht einfach das zu tun, was alle taten. Für Gott war ich jedoch nun bereit Sachen zu machen, die alle zu machen schienen. Jedoch nur, wenn es eindeutig Sinn ergab. Mein Verlangen war immer noch, das Beste zu erleben, was Gott für mich in petto hatte. Um das zu verwirklichen, musste ich Gott erlauben meine Entscheidungen zu beeinflussen und bereit sein, sie mit ihm zusammen zu überdenken.

Vielleicht hätte in mir die Frage aufkommen können, „Was ist mit David? Warum sollte David ohne Einschränkungen in der Mission weiterarbeiten dürfen, während sich für mich alles ändern muss?“. Doch es genügte ein Blick in die Augen meiner Söhne, um jegliche solcher Gedanken zu vergessen. Dann kümmerte es mich nicht mehr, was David machte, denn alles was ich wollte, war Zeit mit meinen Jungs zu verbringen. Außerdem wusste ich, dass David dazu fähig war unseren Dienst ohne mich weiterzuentwickeln. Waren unsere Kinder erst einmal älter, würde ich auch wieder mitmachen können. Bis dahin würde er das ebenso alleine schaffen.

Es war für mich eine ungemeine Hilfe, von David immer wieder zu hören, dass er lieber Zeit mit unserer Familie verbringen würde, als in unseren Dienst involviert zu sein. Ich habe ihn niemals auch nur für eine Sekunde lang zögern sehen, wenn die Jungs oder ich ihn brauchten. Es ging soweit, dass wir ihn gelegentlich daran erinnern mussten, dass es vollkommen okay sei, wenn er sich nun wieder der Missionsarbeit widmete. Ich liebe Davids unglaublich große Leidenschaft für Gott, der immer sein Herr bleiben wird. Desgleichen wusste und weiß er ganz genau, was es bedeutet Ben, Aaron und mich zu lieben. Somit war das Thema für mich geklärt.

Trotzdem gebe ich zu, dass ich nicht über Nacht zu diesem Ergebnis kam. Erst als ich mehr und mehr Zeit darauf verwendete, Gott zu diesem Thema zu befragen, kam ich zu folgenden Feststellungen: Gott kümmert sich um mich. Er hat eine Berufung für mein Leben. Er hat mir ein Leben gegeben, das bereits mehr zu bieten hatte, als ich es mir je erträumt hätte. Vor allem hatte ich dafür bis jetzt auch nie meine Söhne oder meinen Mann übergehen müssen.

9 Steiger 14

Die nächste Sache die wir angehen wollten, war die Gründung einer Bibelgruppe, die sich bei uns zu Hause treffen sollte. Am Anfang waren wir nur ein paar Leute, unter anderem Barry, Kay und Brian. Mit der Zeit wurden wir so viele, dass wir nicht mehr in unsere Wohnung passten. Trotzdem war die Arbeit in Amsterdam nicht unbedingt leicht. Wir stellten schnell fest, dass die jungen Leute dieser Stadt kein positives Bild von Gott hatten. Sie standen ihm ganz im Gegenteil sogar feindselig gegenüber und wollten nichts mit ihm zu tun haben.

Gott spielte für sie keine Rolle, da er aus ihrer Sicht repressiv oder irrelevant war und ihrer Meinung nach kein klar denkender Mensch etwas mit ihm zu tun haben wollte. Uns stand ein harter Job bevor, bei dem es vor allem darauf ankam, den Menschen ein offenes Ohr zu schenken. Welchen Grund sollten sie haben, einer Person zuzuhören, die versuchte ihnen Antworten auf ihre Lebensfragen zu geben, sich aber keine Zeit nahm sie kennenzulernen. Nein, wir mussten lernen, sie zu verstehen. Wir mussten wissen, wie sie sich fühlten, wie sie der Zukunft entgegensahen, wovor sie Angst hatten, etc.

David und die Anderen verbrachten die nächsten zwei Jahre damit, mit hunderten von Leuten in den verschiedenen Clubs zu reden. Gleichzeitig trafen wir uns regelmäßig, um für jeden einzelnen dieser Leute zu beten. Dafür fuhren wir gelegentlich auch zu dem Schulungsgebäude von JMEM, wo wir ganze Nächte damit verbrachten, in den Wäldern zu beten. Kurz darauf fiel die Entscheidung, unsere Bibelgruppe auf zwei große Boote zu verlegen, damit wir Raum für mehr Leute hatten. JMEM stellte uns nämlich zwei Boote zur freien Verfügung. Genau die beiden, zu denen ich mein Gepäck während meiner ersten Nacht in Amsterdam gebracht hatte. Ihr schlechter Zustand – undichte Stellen, wohin das Auge reichte – konnte unsere Begeisterung nicht mindern. Brian und ein paar andere zogen sogar auf die Boote, womit unsere neue Arbeit losgehen konnte. Wir nannten sie „Steiger 14", weil unser Boot am Landungssteg Nummer 14 lag. Steiger ist das holländische Wort für Anlegestelle. Später änderten wir den Namen dann in Steiger International um.

Wie gewöhnlich, versuchte der Teufel uns bei bedeutsamen Projekten zu stoppen. Zuerst wurden wir schwer von Barry und Kays´ Entschluss getroffen, zurück in die Staaten zu gehen. Als wäre das nicht demotivierend genug gewesen, wurde David auch noch krank. So krank, dass er sieben Wochen lang im Krankenhaus lag und beinahe an einer nicht diagnostizierten Blinddarmentzündung starb. Wir fühlten uns eindeutig auf die Probe gestellt. Hier waren wir, weit weg von unserer Familie, um Jugendliche zu Jesus zu führen, die noch nicht einmal etwas von ihm wissen wollten, und flugs trafen uns enorme Rückschläge. Erst die Entscheidung von Barry und Kay und dann ein ernsthaft kranker David. Wir sahen einfach kein Land in Sicht und fühlten uns zutiefst entmutigt.

Was uns durch diese Zeit trug, war wahrscheinlich unsere alte Angewohnheit über alles zu reden. Es war nichts zu unbedeutend, um es zum Thema zu machen. Täglich für diese Sachen zu beten, gehörte genauso zu uns, wie das Atmen zum Leben. Obendrein unternahmen wir Spaziergänge, in denen wir für sämtliche Probleme beteten, die sich uns auftaten. Ich vermute, dass wir es ohne unser Ritual nicht durch diese Zeit geschafft hätten. Ich erinnere mich noch an eine Situation, in der wir in einem Café saßen und über die schwere Zeit redeten, in der wir fest zu stecken schienen. Wir wollten uns gegenseitig aufbauen, aber wie wir uns so anguckten, fiel keinem von uns etwas ein, was den Anderen ermutigt hätte. Das Einzige, an dem wir uns festhalten konnten, war die Gewissheit, dass wir einander hatten und Gott mit uns war. Darüber hinaus blieb uns nichts anderes übrig, als uns durch einen Tag nach dem anderen zu kämpfen.

Eine Sache, die mir in dieser Zeit weiterhalf, war eine Eigenschaft, die ich mir von Tennisspielern abgeguckt hatte. Ich hatte schon immer bewundert, wie gute Tennisspieler das Match trotz Rückstandes auf einmal umdrehen und gewinnen konnten. Es brachte mich zum Staunen, dass man mental so stark bleiben konnte, sich ausschließlich auf den nächsten Punkt zu konzentrieren, und sich nicht von der schlecht aussehenden Gesamtlage unterkriegen zu lassen. Ich begriff, dass ich die gleiche Stärke oder Belastbarkeit brauchte, wenn ich gut durch harte Zeiten hindurch kommen wollte. Also wollte ich genauso sein wie diese Sportler.

In diesem Zusammenhang schaue ich mir gerne Lukas 8,22-25 an. Dort befinden sich Jesus und seine Jünger mit ihrem Boot auf einem See. Während um sie herum ein Sturm wütet, schläft Jesus tief und fest, die Jünger dagegen geraten in große Angst. Letztendlich wecken sie Jesus, der den Sturm zum Schweigen bringt. Dann richtet er sich mit der Frage an die Jünger, wo ihr Glaube geblieben sei. Hatten sie etwa vergessen, dass er die Kontrolle über alles hat, was geschieht? Konnten sie ihm, wenn es hart auf hart kam, nicht vertrauen, obwohl sie schon vorher häufig gesehen hatten, wie er Wunder tat? Ich wollte mich daran erinnern, wer die Verantwortung für mich trug, wenn ich durch einen Sturm ging. Es ging darum, mich an Fakten festzuklammern, anstatt alles über Bord zu werfen, nur weil es in meinem Leben mal stürmisch wurde.

Diese Fakten unseres Fundaments waren folgende: Egal, wie schlimm alles zu sein schien, sollten wir nicht daran zweifeln, dass Gott uns hierher gerufen hatte. Er hatte auch weiterhin alles unter seiner Kontrolle, obwohl uns die Lage hoffnungslos vorkam. Somit konnten wir jederzeit vor Gott kommen und unsere düstere Sichtweise gegen die Perspektive eintauschen, die Gott uns bot. Was wir nicht tun durften, war aus einem Versuch heraus, die Situation aus eigener Kraft zu beherrschen, panisch irgendwelche drastischen Maßnahmen zu ergreifen. Was wir statt dessen tun sollten, war Zeit mit Gott zu verbringen und die nächsten Schritte zu gehen, zu denen er uns aufforderte. Er würde den Sturm schon zur rechten Zeit stillen.

Ich dachte mir: „Wenn sich ein Tennisspieler, trotz einem

schon fast verlorenen Spiel, zurück in den Wettbewerb kämpfen kann, wird es mir mit Gottes Hilfe erst recht möglich sein, so strapazierfähig zu werden, dass mich nichts umhauen kann. Und zwar egal, wie schlecht die Umstände erscheinen." Ich war entschlossen, standhaft zu bleiben, obwohl die Situation nicht sehr rosig aussah. Daher wandte ich mich mit der Bitte an Gott, dass er mir zeigen sollte, was ich in dieser Lage tun sollte.

Und es kam noch schlimmer! Plötzlich standen wir kurz davor, ungewollt Mittelpunkt einer Meinungsverschiedenheit zu werden. David, Brian sowie zwei andere Männer namens Roger und Danny hatten eine Punkband gegründet, nachdem sie die Gruppe „Undercover" in Amsterdam spielen gesehen hatten. Einige Mitglieder der Missionsgesellschaft waren sich allerdings nicht sicher, ob es angebracht war, diese Art von Musik zur Unterstützung evangelistischer Arbeit zu nutzen. Die Band durfte trotzdem eine Zeit lang im Namen der Missionsgesellschaft auftreten, bis ein Zuschauer während eines Auftritts anfing, sich so zu verhalten, als sei er von einem Dämon besessen. Daraufhin waren einige Leute der Meinung, dass die Schuld für dieses Verhalten bei der Band zu suchen war. Obwohl uns viele Leiter sagten, dass wir weiter machen sollten und sie hinter uns stünden, war diese Auseinandersetzung für uns natürlich nicht sehr schön.

Ich konnte nicht verstehen, wieso Gott diese Kontroverse gerade jetzt zuließ. Dabei wusste ich, dass die Band seine Idee war. Wir hatten lange darüber gebetet und definitiv gespürt, dass Gott hinter dem Plan stand. Die Liedtexte sprachen klar und deutlich über Gott und die Beziehung, die er mit uns führen wollte. Um sicher zu gehen, dass die Leute das mitbekamen, projizierten wir die Texte sogar auf eine Leinwand. Im Anschluss an jeden Auftritt folgte dann eine Predigt Davids, der die Leute am Ende fragte, ob sie ihr Leben Jesus geben wollten. Trotz alledem fanden wir uns auf einmal in einer Situation wieder, in der viele Christen unserem Dienst nicht zustimmen konnten.

Der Musikstil der Band an sich war anscheinend nur ein Teilaspekt der Diskussion, die Art und Weise in der sich manche der

Bandmitglieder anzogen oder ihr Haar frisierten, war der andere Aspekt. Ich konnte nicht nachvollziehen, warum das Erscheinungsbild ein Problem darstellen sollte. Worauf es ankam war, dass wir junge Leute waren, die versuchten Gott Schritt für Schritt zu folgen, um die Jugend Amsterdams zu erreichen. Für mich zumindest machte das Sinn. Trotz aller Mühe konnte ich nicht sehen, was für einen Hinderungsgrund unser Aussehen oder der Musikstil sein sollte, solange wir taten, worum Gott uns bat.

Wir mussten uns entscheiden, ob wir die Geduld dafür aufbringen würden, jeder nicht einverstandenen Person zu erklären, wofür wir uns von Gott berufen fühlten. Uns wurde langsam bewusst, dass Stolz ein großes Problem werden könnte, wenn Gott jemanden zu etwas auffordert, was für die anderen Leute entweder zu neu war oder sich einfach von allem Vorherigen unterschied. Das galt auch für uns! Da wir uns in den letzten Monaten und Jahren mit so vielen Jugendlichen Amsterdams unterhalten hatten, besaßen wir ein recht klares Bild davon, wie wir mit ihnen über Jesus sprechen mussten. Wir wussten, dass Musik ein effektiver Weg war um sie zu erreichen, dabei ging es nicht darum, uns zu sehr mit unserem Erscheinungsbild aufzuhalten. Wir wussten, dass Gott die jungen Menschen liebte und unglaubliche Pläne für jeden bereithielt. Es lag nur daran, diese Botschaft so zu kommunizieren, dass sie es verstanden.

Wir gaben unser Bestes darin, uns den Christen zu erklären, die unsere Arbeit nicht verstanden. Häufig waren es die äußerst konservativen Christen, die unsere bedeutendsten Helfer und Partner wurden, wenn wir uns nur genug Zeit für eine Erklärung nahmen. Es passierte unheimlich leicht, dass Gedanken aufkamen wie: „Wir wissen wie man diese Leute da draußen erreicht. Wer bist du, dass du denkst uns hinterfragen zu können?“ Uns war allerdings bewusst, dass Gott den Segen von unserer Arbeit nehmen würde, wenn wir uns dieser inneren Haltung hingäben.

Unsere Arbeit fing langsam an zu wachsen. Wir mussten uns zwar von einem der Boote trennen, weil sein Zustand zu schlecht war, konnten das zweite aber dank finanzieller Unterstützung renovieren. Damit es uns als Hauptveranstaltungsort dienen konnte, wurde es in einen großen Raum mit Bühne und Café-Bereich umgewandelt. Unsere Bibelgruppe erfuhr stetig Zuwachs, so dass am Ende nicht nur Leute aus ganz Holland zu Besuch kamen, sondern aus allen möglichen Ecken Europas. Um die Treffen kreativ zu gestalten, versuchten wir jedes Mal andere Elemente einzubauen. Über Bands und Videos, bis hin zu verrückten Theaterstücken oder mit welchen Ideen auch immer jemand ankam. Im Anschluss daran folgte eine kurze Predigt von David, weil wir jeder Person die Chance geben wollten, Gott kennenzulernen oder gar ihm ihr Leben zu übergeben.

Aus diesen Bibelstunden ging dann ein Team hervor, dass sich Night Club Team nannte. Sie nahmen die Idee von David und seinem ehemaligen Team auf, nachts durch die verschiedenen Clubs zu ziehen, um mit den Leuten über Gott zu reden. Wir fingen an, auch samstags Veranstaltungen zu organisieren, bei denen die Möglichkeit bestand, sich in ganz unverkrampftem Rahmen zu unterhalten. Es war uns wichtig, dass unser Dienst immer ein Ort bleiben würde, wo neue Ideen eine Chance bekämen. So veranstalteten wir auf unserem Boot verrückte, kreative, evangelistische Parties, bis uns irgendwann ein weiteres Gebäude überlassen wurde um ein Jüngerschaftsprojekt zu starten.

Unsere Band bekam mittlerweile Auftrittsangebote. Angebote, die rational nicht erklärbar waren und für die sie teilweise noch gar nicht gut genug waren, dennoch wurden sie weiterhin angefragt. Einmal wurden sie sogar eingeladen, während einer sehr bekannten holländischen Talkshow aufzutreten. Ich wurde an diesem Tag sehr von David verblüfft. Er musste für die Show nämlich auf Holländisch reden, was ihm zu dem Zeitpunkt noch niemand zugetraut hätte. David aber ließ sich nicht beirren, sondern tat es. Er hat die Eigenschaft, Sachen, zu denen Gott ihn auffordert, einfach zu machen. Darin liegt meiner Meinung nach einer der entscheidenden Gründe, warum Gott ihn auf so wundersame Art benutzen kann, wie er es bis jetzt getan hat. Viele Leute denken, dass David diese Sachen macht, weil er von Natur aus mutig sei und es ihn daher keine große Überwindung koste. Was sie nicht wissen ist, dass er immer wieder von neuem die bewusste Entscheidung treffen muss, trotz großer Angst, das zu tun, worum Gott ihn bittet. Es scheint so zu sein, dass Wunder passieren, wenn man bereit ist zu sagen: „Gott, ich werde jeden Schritt des Gehorsams gehen, zu dem du mich führst". Wenn Gott es schaffte, eine Band wie die unsere ins Fernsehen zu kriegen, konnte es nichts geben, was ihm unmöglich war. Dementsprechend wartete ich ganz gespannt darauf, was als nächstes passieren würde.

Und als nächstes stand das Ausland auf dem Plan. Die Band wurde zu Festivals in ganz Europa eingeladen, die allesamt säkulare Veranstalter hatten. Das wiederum führte dazu, dass sie jedes Mal auf Bands trafen, die gegenüber Gott extrem abweisend waren. Die Auftritte verliefen trotzdem immer nach dem gleichen Muster. Wir achteten weiterhin darauf, die Texte der Lieder an eine Leinwand zu projizieren, damit das Publikum unseren Standpunkt kennen lernte. David predigte wie gewöhnlich im Anschluss an den musikalischen Teil. Wir durften immer und immer wieder erleben, wie sich Leute ihren Weg zur Bühne freikämpften, wenn David sie einlud, ihr Leben an Jesus zu übergeben. Andere Bands sprachen häufig von einer Art „Energie", die sie in unserer Musik spürten. So durften wir im Lauf der Jahre immer wieder dabei sein, wenn sogar ganze Bands zum Glauben kamen. Uns war bewusst, dass die Wunder die wir erlebten, nichts mit uns zu tun hatten. Wir verstanden es eher als unglaubliches Privileg, Gott bei der Arbeit zusehen zu dürfen.

10

Die Angst überwinden

Als ich damals meine erste Reise nach Amsterdam antrat, hatte ich eigentlich nicht geplant, dies alleine zu tun. Eine meiner Freundinnen wollte ursprünglich mit mir kommen, sprang jedoch im letzen Moment ab. Obwohl ich mir sehr wünschte, dass sie mitkäme, war mir gleichermaßen bewusst, dass meine Entscheidung nicht von ihr abhängen durfte. Ich musste gehen, egal ob zu zweit oder allein.

Rückblickend sehe ich, dass dies nur der erste Schritt von vielen war, den ich bereit sein musste alleine zu gehen. Ich war es, die sich ein neues Leben in Amsterdam aufbauen musste, da konnte ich nicht darauf bestehen, die ganze Zeit von einer Person begleitet zu werden. Ich war es, die Supermärkte, Ärzte und Kaufhäuser finden musste. Ich musste Beziehungen aufbauen, unseren Dienst entwickeln und zahllose Kleinigkeiten organisieren, um mein neues Leben in geordnete Bahnen zu bringen. Nebenbei war ich häufig damit beschäftigt, über mich selbst nachzudenken, weil ich noch so viel über mich herauszufinden hatte. Natürlich waren David und viele andere Leute an meiner Seite und wurden dadurch ein kostbarer Teil meines Lebens. Ehrlich gesagt weiß ich nicht, was ich ohne sie gemacht hätte. Und trotzdem musste ich bereit sein, Schritte ohne die anderen zu gehen, wenn es notwendig war.

Damit will ich nicht ausdrücken, dass es nicht schöner war, von Leuten begleitet zu werden, besonders, als wir durch schwere Zeiten gingen. So war es zum Beispiel nicht leicht, als uns Barry und Kay verließen. Es war sicherlich das Letzte, was wir uns zum Start unseres Dienstes wünschten, dennoch musste es weitergehen. Paulus schreibt dazu in Philipper 4,12-13:

> Ich kann Not leiden, ich kann im Wohlstand leben; mit jeder Lage bin ich vertraut. Ich kenne Sattsein und Hungern, ich kenne Mangel und Überfluss. Allem bin ich gewachsen durch den, der mich stark macht.

Genau das erfahren wir immer wieder in unserem Leben. Manchmal haben wir so viele Freunde um uns herum und erfahren so viel Unterstützung, dass wir gar nicht richtig damit umzugehen wissen. In anderen Zeiten wiederum fühlen wir uns einsam und entmutigt. Aus diesem Grunde ist es so wichtig, dass unser Vertrauen letztlich in Jesus verwurzelt ist.

Manchmal musste ich mir das Versprechen aus Hebräer 13,5 in Erinnerung zu rufen, wo es heißt:

> Niemals werde ich dir meine Hilfe entziehen, nie dich im Stich lassen.

Denn, obwohl ich unsere Art des Lebens liebte, gab es hin und wieder Momente, wenn ich gerade durch Amsterdam lief, in denen mir auf einmal bewusst wurde, wie weit ich von zu Hause weg war. Ich hatte nie beabsichtigt, Missionarin zu werden, selbst diese Bezeichnung wirkte so fremd auf mich. Das Einzige, was ich getan hatte war, Gott Schritt für Schritt zu folgen. War mein erster Aufenthalt in Amsterdam noch ein reines Abenteuer, schien nach der Entscheidung, auf Dauer nach Holland zu ziehen, alles schwerer zu werden. Wir liebten zwar unseren Dienst, doch fingen wir an, darüber nachzudenken, was es auf lange Sicht bedeuten würde, von Familie, Freunden und allem Vertrauten getrennt zu sein. Ich erinnere mich daran, mir Gedanken gemacht zu haben, wie schön es wäre, wenigstens eine Zeit lang ein schönes und normales amerikanisches Familienleben zu führen. Es gab durchaus Mitarbeiter von JMEM in Amsterdam, die aus diesem Grund in die Staaten zurückgingen, und so fragte ich mich, ob das für uns auch in Betracht käme.

Diese Gedanken führten zu einiger Verwirrung meinerseits. Warum dachte ich so etwas, wenn ich doch in Amsterdam glücklich war und unsere Arbeit hier unter keinen Umständen aufgeben wollte. Mein Problem lag in der emotionalen Bindung an die USA. Wenn ich auf lange Sicht in einem anderen Land leben wollte, musste ich es schaffen, diese Bindung auf gesundem Wege zu durchbrechen. Das bedeutete nicht, die Heimat zu vergessen. Es ging darum, sie insoweit loszulassen, dass ich auch an einem anderen Ort glücklich werden konnte. Andernfalls würde ich nicht dazu fähig werden, mich hundertprozentig dem Dienst für Gott hinzugeben. Stattdessen wäre mein Leben immer unterschwellig darauf ausgerichtet, irgendwann wieder nach „Hause" zurückzugehen, wo mich die „Normalität" erwartet. Obwohl mir der Prozess des Loslassens anfangs nicht leicht fiel, kam ich letzten Endes an den Punkt, wo ich sagen konnte: „Gott, wenn es dein Wille ist, dass ich in Amsterdam bin, dann bin ich bereit so lange zu bleiben, wie du es möchtest."

Mittlerweile weiß ich, dass es ganz normal ist, durch solch einen Prozess zu gehen. Die Leute, die dranbleiben und nicht aufgeben, schaffen es irgendwann, dieses emotionale Problem zu überwinden. So war es auch bei mir, wodurch ich mal wieder eine neue Lektion lernte. Allerdings lernte ich diese weder durch eine Missionsschule, noch durch ein Buch. Ich musste mich selbst durch diese problemreiche Zeit kämpfen, um zu einem Ergebnis zu kommen. Manch einer mag vielleicht sagen, dass eigene Erfahrungen der beste Weg sind, um zu lernen. Ich hingegen habe mir oft gewünscht, eine ältere Person zu kennen, die uns auf unseren besonderen Lebensstil bezogene Ratschläge hätte geben können.

Ein weiterer Punkt der mich beschäftigte, war meine Sicht der Leute, die mich umgaben. Es kann nämlich sehr verwirrend werden, wenn Menschen deine Arbeit sind. Mir fiel es für eine ganze Zeit lang schwer, zwischen Leuten, denen wir halfen und Freunden, die einfach für uns da sein wollten, zu unterscheiden. In meinem Kopf war eine Verbindung entstanden, die besagte, dass Leute prinzipiell Arbeit bedeuteten. Deshalb war es mir unmöglich, mich in Gegenwart Anderer zu entspannen. Ich hatte ständig das Gefühl, Arbeit vor der Nase zu haben und für die Menschen um mich herum da sein zu müssen. Aus diesem Grunde fiel es mir schwer, an freien Tagen Zeit mit anderen Leuten zu verbringen. Es war, als würde ich meine Arbeit auch noch mit nach Hause nehmen. Anstatt, dass sich die Situation verbesserte, wurde das Bedürfnis, endlich Zeit für mich allein zu haben, immer drängender. Ich brauchte die Möglichkeit, nachzudenken und Kraft zu schöpfen. Mich beschäftigte die Frage, ob ich ein schwerwiegendes Problem hatte: Hier stand ich als Missionarin und brauchte Abstand von Menschen.

Irgendwann begriff ich, dass der Grund meiner Gefühle darin lag, dass ich generell nicht die Ruhezeiten bekam, die ich einfach brauchte. Wenn ich keine regelmäßigen Pausen habe und bewusst alleine Zeit mit Gott verbringe, machen sich die Folgen schnell bemerkbar. Dann empfinde ich Menschen nicht mehr als belebend und anziehend, sondern sie zehren an meinen Kräften. Und das, obwohl ich die Menschen um mich herum liebe und ihnen gerne ermutigend zur Seite stehe. Nachdem ich also erkannte hatte, dass diese Zeiten mit Gott für mich unabdingbar waren, musste ich noch lernen, deshalb kein schlechtes Gewissen zu empfinden. Es bedeutete ja schließlich nicht, mich von meiner Umwelt isolieren zu müssen. Nein, dieser Gedanke war eine Lüge des Teufels und zwar eine, der ich beinahe Glauben geschenkt hätte. Gott dachte sich etwas anderes. Er hielt in dem Moment, in dem ich mich wieder gefangen hatte, ein besonderes Geschenk für mich bereit. Nämlich wunderbare Freunde, die nichts anderes wollten, als mich zu unterstützen und für mich da zu sein. Seitdem habe ich mich sehr darum bemüht, Freundschaften aufzubauen, weil gute Freunde jede Sekunde wert sind, die man in sie investiert. Dafür musste ich mich aber auch immer wieder zusammenreißen, Gedanken zu ignorieren, die versuchten mir einzureden, dass ich nicht genug Zeit und Kraft hätte, um Beziehungen zu pflegen.

Ich entnehme meinen Erfahrungen, dass Gott bereits eigenhändig einige Leute ausgewählt hat, von denen ich begleitet werde und mit denen ich mein Leben teilen kann. Meine Bitte ist, dass Gott mir diese Leute fortwährend aufzeigt. Sobald er das tut, warte ich nicht darauf, dass sie auf mich zu kommen, sondern ergreife selbst die Initiative, diesen Beziehungen nachzugehen. Der Teufel wünscht sich nichts sehnlicher, als dass ich mich von anderen Leuten missachtet fühle. Er möchte mir weismachen, dass sich niemand wirklich für mich interessiert. Doch ich werde mir von ihm nicht einreden lassen, dass ich ein Opfer sei. Statt dessen erinnere ich mich daran, dass Gott eine sorgfältige Auswahl von Leuten vorgenommen hat und es an mir liegt, diese Beziehungen aufzubauen und zu pflegen.

Eine weitere Sache, die ich lernte, bezog sich ebenfalls auf meine Terminplanung. Mir wurde klar, dass etwas falsch läuft, wenn mein Terminraster so voll ist, und so viele Menschen etwas von mir wollen, dass ich keine Freude mehr an meiner Arbeit habe. In solchen Situationen muss ich dem Trubel entkommen und mir Ruhe gönnen, um einen prüfenden Blick auf mein Leben zu werfen. Wer oder was nimmt meine Zeit eigentlich in Anspruch? Hat Gott das letzte Wort über meine Terminplanung oder eine überambitionierte, von Schuldgefühlen angetriebene Jodi?

In dieser Zeit lernten David und ich auch viel über Gottes Fürsorge und Bewahrung. David beschreibt in seinem Buch „Rock Priest“ eine Situation, in der er mit der Band in Amsterdam spielte. Es war der Geburtstag der Königin, und sie standen auf einer Brücke nahe des Rotlichtviertels. Während David auf der Straße davon erzählte, wie Gott sein Leben verändert hatte, tauchte eine Gruppe von Punks auf. Sie scharten sich um die Band und fingen an zu fluchen und herumzubrüllen. Während einer der Kerle David mit einer abgebrochenen Flasche bedrohte, schlitzten andere die Reifen unseres Kleinbusses auf. Ich konnte nur daneben stehen und mich fragen, was als Nächstes passieren würde.

Es war für uns nicht das erste Mal, dass wir in ernsthafte Schwierigkeiten gerieten. Einige Jahre zuvor führten wir mit unserem Team eine Aktion mit einem Sarg durch. Dafür reihten wir uns hinter dem Sarg auf, als handelte es sich um einen richtigen Trauerzug und zogen auf diese Weise durch die Straßen des Rotlichtviertels. David lag die ganze Zeit über in dem Sarg und sprang zu einem bestimmten Zeitpunkt heraus, um zu predigen. An der Reaktion der Prostituierten konnte ich sofort erkennen, dass wir in Schwierigkeiten geraten würden. Einige von ihnen schrien uns an und fluchten laut, weil wir ihrem Geschäft schadeten. Es dauerte daher nicht lange, bis Alex mit seinem Kickboxer-Trupp ankam und uns umstellte. Alex war der Boss des Rotlichtviertels und für einige der Prostituierten verantwortlich. Da er 65 Jahre alt war, wurde er immer von einer Gruppe jüngerer Kerle begleitet, die sich allesamt im Kickboxen übten. Mit ihrer Unterstützung schaffte er es, alles unter Kontrolle zu halten, was im Viertel geschah. Uns drohte er an, David mitsamt dem Sarg in den Kanal zu werfen. Unser Team war mittlerweile auf David und mich zusammengeschrumpft, so dass wir jetzt gemeinsam mit Alex sprachen. Wir versuchten ihn davon zu überzeugen, dass wir den Ort sofort bereitwillig und friedlich verlassen würden. Da während unserer Auftritte gewöhnlich betrunkene oder verrückte Leute auf mich zukamen, war es für mich nicht neu, eine solche Situation zu bewältigen. Trotzdem war ich mir darüber im Klaren, dass es nicht darum ging, heldenhafte Aktionen durchzuführen, um Stärke zu beweisen, sondern einzig und allein darum, auf Gott zu hören. Sollte Gott mir sagen, dass ich ruhig sein sollte, anstatt zu versuchen, uns irgendwie aus dieser Situation herauszukriegen, dann musste ich mich daran halten, es sei denn, ich wollte durch meinen Stolz weitere Schwierigkeiten provozieren. Ich weiß zwar nicht, wie wir es schafften, aber Alex ließ uns schließlich unsere Sachen zusammenpacken und erlaubte uns zu gehen.

Obwohl die Situation glimpflich ausging, war ich immer noch ziemlich aufgewühlt, als wir zu Hause ankamen. Abgesehen von meinen Bemühungen, heroisch und tapfer zu sein, dachte ich mir: „Ich bin eindeutig nicht bereit dafür, dass David oder ich sterben." Daher bat ich Gott an diesem Abend: „Vater, wenn du uns dazu berufst mit unseren Predigten auf Konfrontation zu gehen, muss ich stärker werden. Obgleich es mir nicht schwer fällt, diese verrückten Leute im Rotlichtviertel zu lieben, zweifle ich an meiner Bereitschaft mein Leben für sie zu opfern." Alles lief letzten Endes auf die Frage hinaus, ob ich aufgab sobald eine Situation auftrat, in der ich mich fürchtete.

Ich wurde nach meinem Gebet augenblicklich von der Gewissheit erfüllt, dass Gott nicht von uns verlangte zu sterben. Außerdem wurde mir klar, dass Gott genau wusste, wohin er uns schickte und ich ihm vertrauen konnte, dass er uns niemals überfordern würde. Meine Angst war gewichen, denn Gott wollte nicht unseren

Tod. Trotzdem musste ich daran arbeiten, emotional belastbarer zu werden.

Die Situation mit den Punks endete übrigens damit, dass die Polizei kam und die Punks verschwanden. Kurz darauf tauchten sie aber während unserer Bibelgruppe auf, um unser Boot zu verwüsten. Gott tat jedoch ein Wunder. Wir sahen, wie diese Punks, die unserer Arbeit schaden wollten, den Raum betraten, sich überraschenderweise brav hinsetzten und wie gebannt jedem Wort Davids zuhörten. Er war nämlich gerade mitten in einer Predigt. Als wir uns im Anschluss an die Bibelgruppe mit ihnen unterhielten, wirkten sie fast schüchtern. Einer von ihnen war sogar am Zittern. Gottes Kraft war auf dem Boot so stark gegenwärtig gewesen, dass die Jungs nach dem Betreten des Raumes keine Wahl hatten, als sich auf einen Stuhl fallen zu lassen und jedem unserer Worte Aufmerksamkeit zu schenken. Dieses Erlebnis ließ uns wieder einmal darüber staunen, was für ein spannendes Leben Gott uns geschenkt hatte, in dem wir sein machtvolles Wirken erleben durften.

Ich lernte in der nachfolgenden Zeit noch sehr viel. Denn bevor ich weitere Schritte tun konnte, wollte Gott zuerst an meiner psychischen Belastbarkeit arbeiten. Ich musste mich eines Tages auf den Weg zum Arzt machen, weil ich Schmerzen hatte, die ich lieber untersuchen lassen wollte. Es stellte sich heraus, dass ich operiert werden musste, auch wenn es nur eines kleinen Eingriffs bedurfte. Und tatsächlich lag ich am Ende nur für ein paar Tage im Krankenhaus. Ich versuchte mir zu sagen: „Hey, es ist nur eine kleine Operation, das ist vollkommen okay!“ Aus unerklärlichen Gründen widersetzten sich meine Gefühle jedoch jeglicher Logik. Zu allem Überfluss verlor ich die Kontrolle über meine Emotionen und fing an ununterbrochen zu weinen. So peinlich es ist, ich weinte auch auf meinem 45-minütigen Fußweg zum Krankenhaus die ganze Zeit. Ich rief dann sogar David an, um ihm mitzuteilen, was gerade mit mir los war. Beim Krankenhaus angekommen, weinte ich; während ich in den Operationssaal geschoben wurde, weinte ich; während ich unter Narkose gesetzt wurde, weinte ich; wahrscheinlich weinte ich sogar noch, als ich schon längst narkotisiert war.

Als wäre das noch nicht genug, sagte doch dieser junge Arzt, als ich schon am Einschlafen war, zu mir: „Frau Pierce, wir haben bei ihnen übrigens ein unklares Herzgeräusch festgestellt". In dem Moment dachte ich mir, dass dieser Arzt eine wirklich interessante Art hat, mit Kranken umzugehen. Wie kam er dazu, so etwas zu einer jungen Frau zu sagen, die offensichtlich nicht in der Verfassung war, weitere schlechte Nachrichten zu hören? Vor allem verblüffte mich jedoch die Erkenntnis, wie schwach ich war. Ich hatte keine emotionalen Kraftreserven, um diese Situation durchzustehen. Ich war bis dahin immer gesund gewesen und war, abgesehen von meinen Schwierigkeiten als Jugendliche, niemals mit ernsthaften Problemen konfrontiert worden. Zu diesem Zeitpunkt aber war ich völlig entkräftet und entschied darum bei meiner Entlassung aus dem Krankenhaus, dass sich etwas ändern musste. So bat ich Gott um psychische Kraft und Stärkung. Ich machte mir Sorgen darum, wie ich mich verhalten würde, sollte einmal etwas wirklich Schlimmes passieren. Ich war ja schon durch diese Operation am Ende meiner Kräfte, obwohl sie vergleichsweise harmlos war. Die Frage war, ob ich bereit wäre, um diese emotionale Stabilität zu kämpfen oder ob ich es bevorzugte, mich vor schwierigen Situationen zu drücken? Letztendlich war es mein Ziel, dass Gott mich für alle Aufgaben einsetzen konnte - einfache wie auch solche, die emotionale Stärke voraussetzten.

In alldem wurde ich von Esthers Geschichte inspiriert. Ein Mädchen aus der Bibel, das zwar Angst hatte, aber lernte sich auf Gottes Kraft zu stützen. Diese Eigenschaft machte es ihr möglich, etwas für Gott zu machen, was großer, innerer Stärke bedurfte.

Esther war ein hübsches, jüdisches Mädchen, das König Xerxes heiratete. Dieser war König über ein Reich, das sich von Indien bis hin nach Äthiopien erstreckte. Zur gleichen Zeit, zu der sie Königin war, wurde ihr eigenes Volk bedroht, wobei sie die einzige war, die eine Chance hatte, es zu retten. Ihr Onkel forderte sie auf, zum König zu gehen, um ihn anzuflehen, die Juden zu verschonen. Sie aber antwortete, dass niemand unaufgefordert vor den König treten durfte. Tat man es trotzdem, erwartete einen der Tod, außer der König streckte einem sein goldenes Zepter entgegen. Sie selbst hatte der König jetzt schon dreißig Tage nicht mehr zu sich rufen lassen.

Im Klartext bedeutete es, dass sie genauso viel Angst hatte, wie jeder von uns gehabt hätte.

Ihr Onkel ließ nicht locker, sondern entgegnete ihr: „Denk nur nicht, dass du im Königspalast dein Leben retten kannst, wenn alle anderen Juden umgebracht werden! Wenn du in dieser Stunde schweigst, wird den Juden von anderswo her Hilfe und Rettung kommen. Aber du und deine Familie, ihr habt dann euer Leben verwirkt und werdet zugrunde gehen. Wer weiß, ob du nicht genau um dieser Gelegenheit willen zur Königin erhoben worden bist." (Esther 4,13-14) Daraufhin sagte Esther: „Geh und rufe alle Juden in Susa zusammen! Haltet ein Fasten für mich. Drei Tage lang sollt ihr nichts essen und nichts trinken, auch nicht bei Nacht; und ich werde zusammen mit meinen Dienerinnen dasselbe tun. Dann gehe ich zum König, auch wenn es gegen das Gesetz ist. Komme ich um, so komme ich um!" (Esther 4,16)

Das Ende der Geschichte berichtet dann darüber, wie der König Esther zuhört und die Juden gerettet werden.

Was mir besonders ins Auge fällt, ist Esthers Angst. Sie war ein Mensch wie jeder andere, der die gleichen Emotionen hatte wie wir. Sie jedoch bat Gott um Hilfe und widersetzte sich ihren Ängsten. Nur deshalb, weil sie bereit war, diesen Mut aufzubringen, konnte das jüdische Volk gerettet werden. Und genauso wie Esther wollte ich auch sein! Ich wusste, dass mir Zeiten bevorstanden, in denen Gott mich um Dinge bitten würde, für die ich Ängste überwinden müsste. Ich wollte Gott so nahe kommen wie Esther, so dass ich bereit war zu sagen: „Ich werde das tun, wozu du mich aufforderst, obwohl ich mich davor fürchte." Für mich stand fest, dass ich mich niemals durch Ängste davon abbringen lassen wollte, weitere Schritte zu tun. Glaubensschritte, die Mut kosteten, aber um die Gott mich bat. Daher betete ich: „Herr, ich brauche emotionale Stärke. Zeige mir, wie ich sie erlangen kann. Ich bin schwach und ich habe Angst. Aber wenn du mir zeigst, wie ich innerlich stark werden kann, werde ich jeden Schritt des Glaubens gehen, den du mir zeigst.. Bitte sei bei mir!" Ich durfte dann schon kurz darauf lernen, dass meine Kraftquelle die Zeit war, die ich mit Jesus verbrachte. Ich nannte sie meine private Welt.

Wir haben unsere Erlebnisse über die Jahre hinweg mit vielen Leuten geteilt, die unseren Dienst unterstützen.

Hier sind ein paar Auszüge der Rundbriefe, die wir ihnen schickten.

April 1987

Liebe Freunde,

wir parkten unseren Minibus auf dem Parkplatz neben der alten Bar, wo später unsere Aufführung stattfinden würde. Die Bar war trotz Stehplätzen vollgepackt mit jungen Leuten. Die meisten dieser Leute hörten Heavy Metal.

Die Fenster unseres Minibusses bekritzelten sie mit teuflischen Symbolen und den Namen satanistischer Bands. Eine dieser Bands nannte sich "W.A.S.P.", was im englischen für " We Are Satans People" (Wir sind die Menschen des Satans) steht.

Während wir spielten, fingen manche Zuschauer an zu schreien oder wild um sich schlagend zu tanzen. Im hinteren Teil der Bar gingen so manche Gläser, sowie ein paar Stühle zu Bruch. Als wir mit der Aufführung fertig waren, fing David an zu predigen. Am Ende fragte er, ob irgendjemand der Anwesenden Gott bräuchte.

Ein junger Mann aus den hinteren Reihen rief: "Ja Ich!" Wir dachten, er mache nur Spaß, aber er kam tatsächlich zur Bühne. Dort sagte er, dass er Gott in der Musik gespürt hätte und nun wisse, dass er Jesus folgen müsste. Wir stellten uns zusammen und Marin übergab Jesus sein Leben. Die Macht des Teufels wurde somit im Leben einer weiteren jungen holländischen Person besiegt!!

Der Kampf ist real, aber Gott zeigt seine Kraft.
Für die Verlorenen in Amsterdam,
David, Jodi, Aaron & Benji

Mai 1987

Liebe Freunde,

gestern ging unser Team auf die Strasse, um Leute zu unserem „Jesus-Konzert“ am Samstag einzuladen. Wir wurden vor einem Jahr genau auf dieser Brücke, auf der wir jetzt spielen würden, von satanistischen Punks angegriffen.

Also haben wir Gott schon am Morgen um seinen Schutz und Frieden gebeten. Es lief dann auch fast den ganzen Tag lang harmonisch ab. Wir verteilten knapp 5000 Einladungen und 500 Tickets für unser Konzert. Als Ohlus, ein Norweger, der Teil des Night Club Teams war, gegen Abend seine letzte Einladung verteilen wollte, bekam er auf einmal ohne Vorwarnung, einen Schlag ins Gesicht verpasst. Weil er aber recht groß gebaut war, wurde er dabei nicht ernsthaft verletzt.

Am 30. April des Vorjahres wurde unsere Band erst beim letzten Lied unseres Auftrittes angegriffen… Jetzt hatte es Ohlus schon bei der Verteilung seiner letzten Einladung getroffen. Und genau wie im Vorjahr, schüttete Gott seinen Geist während des Konzertes aus, was wohl der Grund dafür war, dass der Teufel so aggressiv war.

Betet dafür, dass wir diese Attacken standhaft und unbeeindruckt durchstehen. Betet auch dafür, dass Gott seinen Frieden in Ohluses Herz legt.

Für die jungen, verlorenen Europäer
David, Jodi, Aaron & Benji

Juli 1987

Lieber Freund,

danke für deine großartige Unterstützung! Wir befinden uns wie immer in einer sehr herausfordernden Zeit. Nachdem wir den Großteil des Junis in den Staaten verbrachten, sind wir jetzt in den Regen und das kalte Wetter zurückgekehrt. Nach der Zeit im sonnigen Minnesota ist es doch eine starke Umgewöhnung, wieder unsere Wintermäntel anziehen zu müssen. Unser Auto hatte am Flughafen eine Panne, weswegen wir ein Taxi nach Hause nehmen mussten. Aaron weinte sich in der ersten Nacht, die wir wieder zuhause verbrachten, die Augen aus. Er sagte, dass er zurück nach Amerika wollte, um da für immer und ewig zu leben. Ich lag die ganze Nacht über wach im Bett, weil ich zum Einen sehr von Aarons Traurigkeit mitgenommen wurde und mich zum Anderen der Jetlag wach hielt. Wir sagten Aaron, dass wir nach Amerika zurückgehen würden, sollte Gott ihn hier nicht glücklich machen. (Satan versuchte uns wie immer zu entmutigen.) Gott aber begegnete unserem wertvollen Kind, so dass er nun wieder glücklich mit seinen holländischen Freunden vereint rumtobt.

Zum ersten Treffen seit sechs Wochen kamen 110 Jugendliche auf das Boot!

Unser Auto wird repariert und wir nehmen Gottes Gegenwart momentan sehr stark wahr. Nur das Wetter hat sich nicht verbessert.

Wir sind unglaublich dankbar für deine Unterstützung. Bete für meine Familie…der Kampf ist real.

Für die Verlorenen in Europa,
David

Dezember 1987

Liebe Freunde,

der Hintergrund der Bühne bestand aus dem Bild eines Terroristen, der einen Polizisten hinrichtete. Man fand solche Mord-, Rebellions-, Anarchie- und antichristliche Botschaften überall im "Jugendclub" wieder. (Leider können wir zum Schutz der dort tätigen Christen keine genauen Angaben über die dortige Jugendgruppe machen.) Dieser so genannte "Jugendclub" hatte das Ziel, Jugendliche zu ermutigen, einer bestimmten Terroristenorganisation beizutreten. In genau diesen Club waren wir eingeladen worden, um über unseren Glauben an Jesus zu erzählen!

In der Zeit, in der sich NLM (unsere Band No Longer Music) auf das Konzert vorbereitete, kamen die anderen Mitglieder unseres Teams zusammen, um zu beten. Bevor NLM an der Reihe war, spielte noch eine anarchistische Band. Aber genau wie Baals Propheten hatten sie keine Autorität! Es war so, als ob Gott jedem zeigen wollte, wer wirklich die Macht hat. NLM betrat ziemlich verunsichert und mit großer Angst die Bühne und begann zu spielen. Die Autorität des Geistes Gottes fiel auf uns und auch auf jeden im "Club". Gottes pure Freude durchdrang den Raum und Jesu Name wurde zum ersten Mal an diesem Ort geheiligt, der vorher nur Tod hervorbrachte.

Der Besitzer des „Clubs" war so beeindruckt, dass er jetzt eine zweite Tour für Steiger 14 und NLM plant. Und zwar in all den Clubs dieser Terroristenorganisation. Gott ist viel mächtiger, als wir es uns je vorstellen können, wenn wir ihm nur vertrauen! Wir haben vor, im Februar wieder dorthin zurückzugehen. Bitte betet dafür, dass unser Team den Mut hat, Gott zu folgen, egal wohin er uns führt!

Für die Verlorenen,
David und Jodi

Die 6-jährige Jodi

Jodi mit ihren Eltern und drei Brüdern

David und Jodi in den Flitterwochen

Die Aussicht aus ihrer Wohnung
in Richtung des Rotlichtmilieus
von Amsterdam

Jodi während eines Auftritts mit SITCO in Amsterdam

Der 1-jährige Aaron in der Wohnung im Rotlichtmilieu

Familie Pierce in Amsterdam

Eines der alten Lastschiffe an der Anlegestelle Steiger 14

David predigt auf einer Strasse in Amsterdam

Das anfängliche Steiger Team in Amsterdam

Das Nachtclub
Team

Jodi mit einer Fackel in der
Hand während einer der
„Beerdigungsprozessionen“
in Amsterdam

Die „Rock´n´Roll Bibel Study“ auf dem Boot in Amsterdam

David beim Predigen

Die Menschenmenge auf dem Boot

Vor einem Punk Club in Holland, in dem NLM auftrat

Ben Pierce bei einem Punk-Weihnachtsstück in Amsterdam, 1988

Die Pierce-Familie, 1990

David und Ben in Amsterdam, 1990

Jodi und Aaron in Amsterdam, 1991

David und Jodi treffen sich mit dem Veranstalter, der NLM in den ETA Terroristenclub in Bilbao, Spanien brachte

Bryan und Olaus vom NLM Team im ETA Terroristenclub

Die Wände des Terroristenclubs in Spanien waren voller anarchistischer, anti-christlicher und anti-amerikanischer Bemalungen, wie die von Präsident Reagan

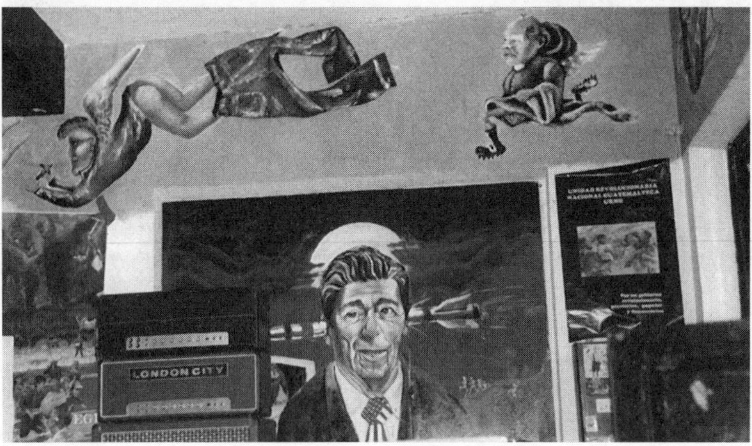

A DESTRUIR

Im Terroristenclub der ETA vor einem Auftritt von NLM

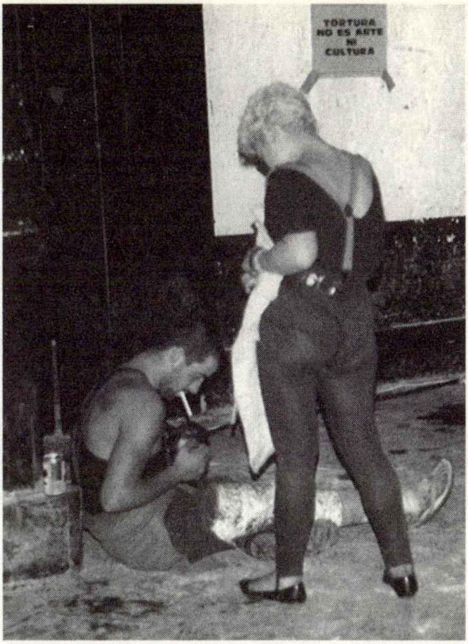
TORTURA
NO ES ARTE
NI
CULTURA

Jodi und Brigitte beim Einkaufen für die Band, während einer der missionarischen Tourneen von NLM in Polen, wo zu der Zeit noch der Kommunismus herrschte,
so dass es schwer war Essen aufzutreiben

In der Innenstadt von Jarocin, Polen, standen die Menschen überall in langen Schlangen an

Ein Werbeplakat für ein NLM Konzert in Polen zu Zeiten des Kommunismus

Vor der katholischen Kirche Jarocin, wo NLM ein Konzert gab

„Die verbotene Band“ NLM spielt vor einer katholischen Kirche in Jarocin, Polen

Die katholischen Priester, mit denen wir in Polen zusammen arbeiteten

Jede Menge Leute wollten „die verbotene Band“ sehen

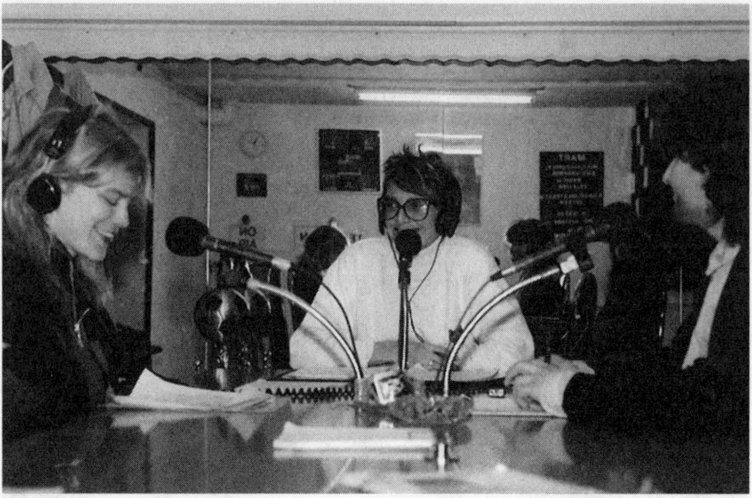

Jodi während eines Radio-Interviews in Holland

Die Band packt ihre Ausrüstung aus einem Zug in der Mongolei aus

Zuschauer bei einem Konzert in Ulan Bator, der Hauptstadt der Mongolei. Nachdem die Band ihr Konzert beendet hatte, predigte David

NLM live in Russland

All diese Menschen wollen nach einem NLM Konzert in Russland ihr Leben Jesus geben

David mit NLM in St. Petersburg, Russland

Von links nach rechts: David, Eugene (der Veranstalter von Rock Asien, der NLM nach Russland einlud), Jodi und Tanya (unsere Dolmetscherin) in Sibirien

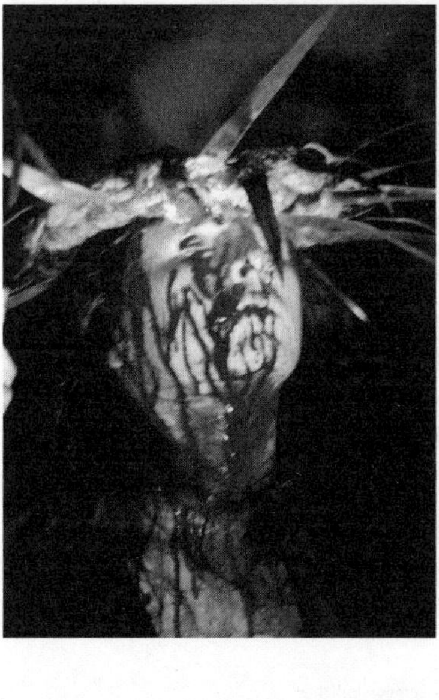

Szenen aus dem missionarisch ausgerichteten Theaterstück, das den Tod und die Auferstehung Jesu darstellt

Jodi mit der Band

Leute beim Beten, nachdem sie die Botschaft von Jesus gehört hatten

Jodi spricht mit Leuten nach einem Konzert in Polen

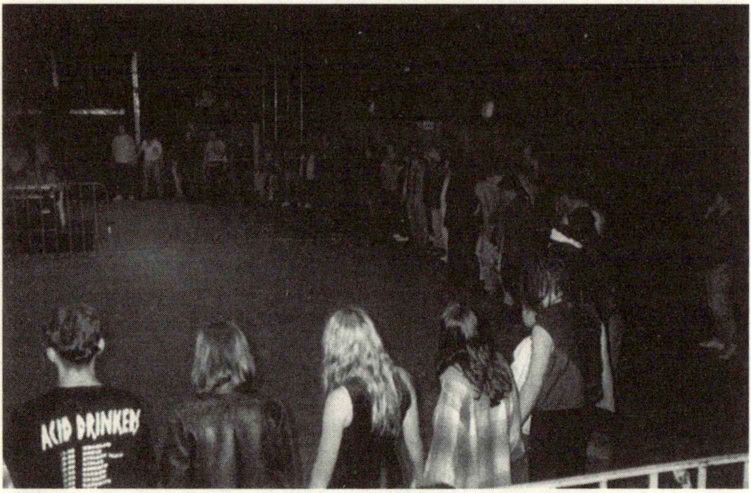

Nach einem NLM Konzert in Polen hielten sich alle Leute, die zum Glauben gekommen waren, an den Händen und beteten gemeinsam

David mit seinen beiden Söhnen Aaron und Ben auf dem „Jesus Camp“ in Polen, aus dem später das „SLOT Art Festival“ wurde

Blick auf die Bühne, auf der NLM beim Underground Punkrock Festival in Jarocin, Polen, auftrat

Aaron und Ben singen mit NLM in einem Club

Aaron und Ben auf einer Demo gegen Rassismus in Amsterdam

Gebet vor einem evangelistischen Konzert im Vietnam

Jodi unterhält sich mit einer vietnamesischen Nonne

Jodi beim Predigen vor einer Gruppe

und in einem Waisenhaus in Vietnam

Familie Pierce

Jodi mit ihren Jungs

„Boy Chicken", die Band von Ben Pierce in Neuseeland

David, Aaron und Ben nach einem NLM Konzert

David und Jodi

Aaron bei seiner Abschlussfeier der Bethel Universität

No Longer Music Tour in Südamerika

Auftritt in Rio

Menschen, die bei einem Konzert in Brasilien zum Glauben kamen

Das NLM Missionsteam im Jahr 2006

und 2007

Jodi spricht in einer Kirche in Kroatien 2008

11

Meine persönliche, kleine Welt

Gott kannte mich genau. Was er vor allem wusste war, dass ich jung und auf seine Hilfe angewiesen war. Daher schien er mein Verständnis für ihn und sein Wesen vertiefen zu wollen. Der zündende Augenblick des Veränderungsprozesses, kam während einer unserer evangelistischen Touren. Unsere Band war inzwischen soweit, dass wir nicht nur auf Einladung im Ausland spielten, sondern eigene Tourneen organisierten. Wir waren also auf unserem Weg nach Russland, wobei wir in Schweden einen Zwischenstopp machten. Dort trafen wir auf eine Gruppe von Christen, der Gebete für körperliche Heilung auf dem Herzen lag und die mir einige Bücher zum Thema mitgaben. Mein Interesse war geweckt, weil ich mir dachte: „Ich möchte Gott in meinem Leben nicht einschränken. Und wenn er mich dazu gebrauchen könnte, um für körperliche Heilung zu beten, wär ich auf jeden Fall dabei!“ Zunächst ging es allerdings auf unsere evangelistische Tour und danach wieder zurück nach Holland.

Kurz nach unserer Rückkehr musste David auch schon wieder wegen eines anderen Termins weiterreisen. Ich war tagsüber mit unserer Arbeit in Amsterdam und unseren beiden Jungs beschäftigt. Abends war ich dann so müde, dass ich mich einfach nur auf das Sofa legen wollte, um mich vom Fernseher unterhalten zu lassen. Weil ich mich aber an die Bücher aus Schweden erinnerte, riss ich mich zusammen, um mich stattdessen mit dem Thema Heilung zu beschäftigen. Es wirkt auf mich wirklich so, als würde ich jedes Mal von allen Seiten Ablenkung erfahren, sobald ich kurz vor einem Durchbruch stehe. Diesmal war es wieder so. Meine größte Herausforderung bestand darin, die nötige Überwindungskraft aufzubringen, mich einfach hinzusetzen und anzufangen. Es lag in meiner Hand, aufzustehen, den Fernseher zu ignorieren, Bibel und Notizblock zusammenzusuchen und anzufangen. Hatte ich es dann geschafft, fiel mir alles Weitere nicht so schwer. Trotzdem lag es erst einmal in meiner Verantwortung, eine bewusste Entscheidung zu treffen und zwar: „Ja, ich werde das jetzt tun."

Ich fing an, die Bücher zu lesen und mit Gott über seinen Wunsch zu reden, Leute physisch zu heilen. Der Fernseher wirkte aber immer noch ablenkend, weil sich die faule Seite meiner selbst danach sehnte, zu entspannen und den Kopf für eine kurze Zeit auszuschalten. Trotzdem schaffte ich es, mich jeden Abend hinzusetzen, um mich mit den Büchern zu befassen. Wobei es von Abend zu Abend leichter wurde. Ich nahm wahr, wie Gott zu mir sprach und schrieb alle Sachen auf, die mich anregten. Mir wurde mit der Zeit bewusst, dass es für mich sehr wichtig war, mich mit dem Thema auseinanderzusetzen. Eines Abends kam mir ein Gedanke, von dem ich wusste, dass er von Gott sein musste. Es war dieser einfache Satz, der mein Leben für immer veränderte: „Suche nicht meine Gaben, sondern suche mich!" Mir war sofort klar, dass mir Gott genau das sagen wollte. Ja, er wünschte sich, dass ich für Kranke betete und er würde es mich im jeweils richtigen Moment wissen lassen. Aber noch viel wichtiger war ihm, dass ich ihn und sein Wesen kennenlernte. Einzig und allein das sollte mein Fokus sein.

„Suche nicht meine Gaben, sondern suche mich." Ja, Gott möchte durch mich auf dieser Erde noch vieles bewirken, allerdings ist dieser Wunsch zweitrangig zu dem, eine Beziehung zu ihm zu haben und diese zu vertiefen. Es ging darum, mit allem zu ihm zu kommen. Hatte ich eine Frage, war ich verwirrt, einsam oder glücklich, was auch immer, es galt damit als erstes zu niemand anderem als zu Gott zu gehen.

Ich verstand zum ersten Mal, was es bedeutete, eine Offenbarung zu haben. Die griechische Bedeutung dieses Wortes bedeutet: „etwas enthüllen; die Weitergabe der Erkenntnis Gottes an die Seele." Genau das erlebte ich! Ich fühlte mich wie Alice im Wunderland, die auf eine Welt schaute, die ihr gänzlich unbekannt war. Eine Welt, die voller Dinge war, die ich kennenlernen musste, wenn ich weitere Schritte gehen wollte. Das Sonderbare an der Geschichte war, dass ich genauso gut auch die Entscheidung gefällt haben könnte, der ganzen Sache nicht nachzugehen. Ich hätte es ignorieren können und dadurch die Chance auf diese Offenbarung verpasst, die sich zum Geheimrezept meines Lebens entwickelte. Das mag sich jetzt vielleicht hochdramatisch und übertrieben anhören, aber es war tatsächlich so wichtig!

Hebräer 11,6 besagt:

> Und ohne Glauben ist es unmöglich, Gott zu gefallen. Wer zu Gott kommen will, muss glauben, dass es ihn gibt und dass er die belohnt, die ihn aufrichtig suchen. (NGÜ)

Er belohnt die, die ihn aufrichtig suchen. Genau das war passiert. Ich hatte ihn aufrichtig darum gebeten, zu mir zu sprechen und er belohnte mich dafür! Lukas 10,38-43 berichtet, wie sich Jesus zu Besuch bei Maria und Martha befand:

> Als Jesus mit seinen Jüngern weiterzog, kam er in ein Dorf. Dort nahm ihn eine Frau namens Marta gastlich auf. Sie hatte eine Schwester mit Namen Maria, die setzte sich zu Füßen des Herrn nieder und hörte ihm zu. Marta dagegen war voll damit beschäftigt, das Essen vorzubereiten. Schließlich trat Marta vor Jesus hin und sagte: »Herr, kümmert es dich nicht, dass mich meine Schwester die ganze Arbeit allein tun lässt? Sag ihr doch, dass sie mir helfen soll!«
>
> Der Herr antwortete ihr: »Marta, Marta, du machst dir viele Sorgen und verlierst dich an vielerlei, aber nur eins ist nötig. Maria hat die richtige Wahl getroffen. Sie hat sich für ein Gut entschieden, das ihr niemand wegnehmen kann.«

Maria wusste genau, worauf es ankam. Sie hatte längst begriffen, was ich gerade lernte. Egal, wie viele Sachen es gibt, mit denen man sich befassen könnte, es geht einzig und allein darum, zu Jesu

Füßen zu sitzen. Dort ist der Ort, an dem wir uns am wohlsten fühlen sollten und von dem wir beziehen können, was wir zum Leben brauchen.

Etwas früher im Lukasevangelium in Kapitel 10, die Verse 17-20, kommt Jesus mit einer Gruppe von Leuten zusammen, die er zuvor ausgesandt hatte um seine Nachricht zu verkünden:

> Die Siebzig kamen zurück und berichteten voller Freude: »Herr, sogar die bösen Geister gehorchen uns, wenn wir uns auf deinen Namen berufen!«
>
> Jesus sagte zu ihnen: »Ich sah den Satan wie einen Blitz vom Himmel fallen. Ja, es ist wahr: Ich habe euch Vollmacht gegeben, auf Schlangen und Skorpione zu treten und die ganze Macht des Feindes zunichte zu machen. Er wird euch nicht das Geringste antun können. Aber nicht darüber sollt ihr euch freuen, dass euch die bösen Geister gehorchen. Freut euch lieber darüber, dass eure Namen bei Gott aufgeschrieben sind!«

Diese Verse waren die direkte Antwort auf meine Fragen und Gebete, die ich zum Thema der körperlichen Heilung gestellt hatte. Es kam immer wieder alles auf den einen Satz: „Suche nicht meine Gaben, sondern suche mich!“, zurück.

Die nächsten Tage und Wochen waren etwas Besonderes. Ich ging mit einem ganz anderen Gefühl durchs Leben, weil ich Gott viel deutlicher zu mir sprechen hörte, als zuvor. Da ging ich in den Gottesdienst und stellte erstaunt fest, dass der Prediger genau über das sprach, was Gott mir in der letzten Nacht gesagt hatte. Ich erzählte nicht nur unserem Team von meiner Erkenntnis, sondern allen, die mir über den Weg liefen und bereit waren zuzuhören. Ich dachte mir: „So ist das also, wenn Gott einem eine Offenbarung schenkt!“ Es blieb nicht mehr länger bei einem theoretischen Verständnis der Bibel, sondern wurde eine lebendige Wahrheit. Das wiederum führte zu einer drastischen Veränderung meines Lebensstils und meiner Art zu denken. Ich erinnerte mich dabei an meinen Professor aus der Uni, der Gott genauso real erlebte. Bei ihm war jeder Aspekt des Lebens von Gott geprägt worden.

Langsam fingen einige Erlebnisse meiner Vergangenheit an, Sinn zu machen. Während unser JMEM Zeit wurden wir von vielen gesegneten, christlichen Referenten unterrichtet. Was mir dabei auffiel war, dass die Redner, die mit der größten Vollmacht redeten, die mit der schlichtesten Botschaft waren: „Ja, ja, das weiß ich bereits", dachte ich mir immer, wenn ich hörte, dass das Wichtigste in unserem Leben sei, der Beziehung mit Gott nachzugehen. Ich war der gleichen Meinung, verstand die Bedeutung aber nicht. Da ich christlich aufgewachsen war, hatte ich mein Leben lang davon gehört, dass es um die Beziehung zu Gott geht. Ich dachte mir: „Lasst uns mal endlich zu den harten Brocken kommen. Zu dem, was ich noch nicht kenne."

Ich schien es wirklich nicht verstanden zu haben. Die Referenten schon, ich aber nicht.

Ich erinnere mich an ein Treffen von JMEM, bei dem für David und mich gebetet wurde. Während die Leute für David beteten, sagten sie Sachen wie: „Er wird zu vielen Nationen gehen und großartige Dinge tun." Bei mir hingegen kam so etwas wie: „Jesus liebt deine Gegenwart." Als ich das hörte dachte ich mir, Das ist ja schön und gut, was es aber wirklich bedeutet ist, dass ihr keine Ahnung habt, was ihr für mich beten sollt.

Ich hatte also immer noch nicht kapiert, worauf es ankam.

Zurückblickend verstehe ich, dass Gott meine Aufmerksamkeit auf sich lenken wollte. Sowohl David als auch ich sind mittlerweile in viele Länder gereist und haben Gott großartige Dinge tun sehen. Aber was Jesus wirklich wollte war, dass wir ihn mehr liebten als alles andere. Er wünschte sich, dass wir ihm und nicht seinen Gaben hinterherjagten. Ich wusste, dass er zu mir sagte, „Jodi, wenn dir jemals etwas wichtiger wird als ich, sei es auch, große Sachen für mich zu tun, gehst du in die falsche Richtung. Dann wirst du dich wieder so verloren fühlen, wie in deiner Kindheit." Mir war klar, dass Gott mir dadurch etwas sehr Wichtiges zu verstehen gab.

Ich ging jeden Morgen, nachdem ich die Kinder zur Schule gebracht hatte, in einen nahegelegenen Park. Bei mir hatte ich einen Notizblock, Kopfhörer und Kassettenaufnahmen der gesamten Bibel. Ich fand in dem Park eine kleine „Insel", die perfekt für mich geschaffen war. Sie wurde von hohen Bäumen umsäumt und hatte Wege, auf denen ich umherlaufen konnte. Ich hörte mir die Bibelaufnahmen an und setzte mich auf einen der vorhandenen großen Steine, sobald ich etwas Anregendes hörte, was ich mir notieren wollte. Danach sprach ich mit Gott über alles, was mir auf dem Herzen lag. Da ich alleine war, konnte ich alles laut aussprechen. Ich wollte meine Gebete so lebensnah wie möglich halten. Hatten David und ich Probleme, fragte ich Gott um Rat. Stand eine Entscheidung an, fragte ich Gott. Hatte ich Ängste, wandte ich mich auch an ihn. Ich tat das jeden Tag und als ich mich eines Tages wieder auf den Nachhauseweg machte, dachte ich: „Herr, ich möchte eigentlich lieber hier bleiben. Ich liebe diese persönliche, kleine Welt, die wir uns hier aufbauen." Daraufhin fühlte ich ihn sagen: „Es ist meine Idee, dass wir diese Welt zusammen aufbauen. Es gibt so viele Sachen, die ich dir zeigen und beibringen möchte. Ich möchte aber auch, dass du anderen weitergibst, was ich dir gebe!" Ich war sehr aufgeregt, weil ich erkannte, dass ich mit dieser privaten Welt, auf etwas Besonderes gestoßen war. Etwas, wo ich die Antworten für mein Leben und meine Probleme finden würde.

Dadurch, dass ich mir diese persönliche Nähe mit Gott aufbaute, lernte ich auch, wie ich mich immer mehr von der Welt lösen konnte. Damit meine ich nicht, dass ich mein Leben nicht mehr führen wollte oder nicht mehr den Kontakt zu Leuten suchte. Ich wollte immer noch voll im Leben stehen und so viele Leute um mich herum haben, wie Gott sie mir geben würde. Schließlich war das meine Berufung! Trotzdem musste ich verstehen, dass sich sowohl äußere Umstände als auch Menschen verändern würden. Für mich aber gilt, dass ich mich sicher fühlen und ruhig bleiben kann, weil sich der, auf den ich am meisten angewiesen bin, nicht verändern wird. Gott wird in seiner Liebe immer für mich da sein. Er wird mich niemals im Stich lassen. Meine Zukunft ist in ihm geborgen.

Alles was ich brauche ist Jesus. Diese Antwort fand ich wieder einmal in Matthäus 8,23-27, wo Jesus den Sturm zur Ruhe bringt. Ich muss mich an niemand anderen wenden, als an Jesus. Selbst wenn die Umstände so wie der Sturm außer Kontrolle geraten, ist und bleibt Jesus der Einzige, den ich wirklich brauche. Er ist es, der mir Ruhe und Frieden geben kann. Er ist es, der die Antworten für alle Probleme und auf alle Fragen hat, denen ich gegenüberstehe. Ich liebe Menschen und ich investiere in sie, aber sie werden mir niemals das geben können, was Gott mir schenkt. Sie sind genauso wie ich seine Geschöpfe - nicht mehr und nicht weniger. Der Grund, weshalb ich mich sicher fühlen kann ist, weil Gott mich beschützt und nicht, weil ich viele Leute um mich herum habe. Menschen können gar nicht immer für mich da sein. Und genau aus diesem Grund brauchte ich meine private Welt mit Jesus, an der nichts rütteln konnte. Eine Welt, in der ich Jesus kenne und Jesus mich kennt, in der sich niemals etwas an der Tatsache ändern wird, dass ich in Jesu Armen in Sicherheit bin.

Mir hat folgendes weitergeholfen:

Nachdem ich aufstehe, verbringe ich erst einmal Zeit mit Gott, um die Weisungen für den Tag abzuholen. (Sprüche 1,1-7)

Er verspricht mir, dass er immer bei mir ist, wo auch immer ich hingehe. Egal, was ich durchmache, ob schwer, ob leicht, er wird bei mir sein. (Hebräer 13,5-5)

Er verspricht, mich niemals zu überfordern oder zu unterdrücken. Er ist ein guter Vater. (Matthäus 11,28-30)

Ich darf mit der Gewissheit durch den Tag gehen, dass ich seine Tochter bin. (Römer 8,15-16)

In meiner persönlichen, kleinen Welt fing ich an, mehr über die Gaben zu lernen, die Gott mir gegeben hatte, damit ich anderen dienen kann. Ich wollte auch zu diesem Thema wissen, was Gott wirklich darüber dachte. Daher fing ich an, in der Bibel nach Aussagen darüber zu suchen, wie sich Gott das Miteinander in einer christliche Gemeinschaft vorstellte.

Matthäus 22,37-40 diente mir als Grundlage meiner Gedanken. Dort sagt Jesus:

> »Liebe den Herrn, deinen Gott, von ganzem Herzen, mit ganzem Willen und mit deinem ganzen Verstand! Dies ist das größte und wichtigste Gebot. Aber gleich wichtig ist ein zweites: Liebe deinen Mitmenschen wie dich selbst! In diesen beiden Geboten ist alles zusammengefasst, was das Gesetz und die Propheten fordern.«

Gott und meine Mitmenschen zu lieben, damit musste ich also anfangen. Gott hatte mir zuerst deutlich gezeigt, dass ich eine Beziehung zu ihm aufbauen sollte und nun führte er mich einen Schritt weiter. Jetzt sollte ich lernen, meine Mitmenschen zu lieben. Die Frage blieb jedoch, wie er sich das vorstellte? Wie sollte das funktionieren?

In Römer 12 steht etwas darüber, dass jeder Einzelne Gaben von Gott empfangen hat, mit denen wir den Leuten um uns herum dienen sollten. Die Verse 4-11 sagen:

> Denkt an den menschlichen Leib: Er bildet ein lebendiges Ganzes und hat doch viele Teile, und jeder Teil hat seine besondere Funktion. So ist es auch mit uns: Als Menschen, die zu Christus gehören, bilden wir alle ein unteilbares Ganzes; aber als Einzelne stehen wir zueinander wie Teile mit ihrer besonderen Funktion. Wir haben ganz verschiedene Gaben, so wie Gott sie uns in seiner Gnade zugeteilt hat.
>
> Einige sind befähigt, Weisungen für die Gemeinde von Gott zu empfangen; was sie sagen, muss dem gemeinsamen Bekenntnis entsprechen. Andere sind befähigt, praktische Aufgaben in der Gemeinde zu übernehmen; sie sollen sich treu diesen Aufgaben widmen. Wer die Gabe hat, als Lehrer die Gemeinde zu unterweisen, gebrauche sie. Wer die Gabe hat, andere zu ermahnen und zu ermutigen, nutze sie. Wer Bedürftige unterstützt, soll sich dabei nicht in Szene setzen. Wer in der Gemeinde eine Verantwortung übernimmt, soll

mit Hingabe bei der Sache sein. Wer sich um Notleidende kümmert, soll es nicht mit saurer Miene tun.

Die Liebe darf nicht geheuchelt sein. Verabscheut das Böse, tut mit ganzer Kraft das Gute! Liebt einander von Herzen als Brüder und Schwestern, und ehrt euch gegenseitig in zuvorkommender Weise. Werdet im Eifer nicht nachlässig, sondern lasst euch vom Geist Gottes entflammen. Dient in allem Christus, dem Herrn.

Meine Frage aber war, woher weiß ich denn, welche dieser Gaben meine ist? Ich entschied mich daher, erst einmal herauszufinden, wer die Leute waren, die ich lieben sollte.

Die Bibel erzählt die Geschichte einer jungen Frau namens Ruth. Da ihr Ehemann stirbt, muss sie sich neu orientieren und überlegen, was sie mit ihrem Leben anstellen soll. Sie behält bei all ihren Überlegungen im Hinterkopf, dass Gott ihre Schwiegermutter Noomi zu einem Teil ihres Lebens gemacht hatte. Ruth fühlt sich ihr zugehörig, obwohl die beiden ursprünglich aus verschiedenen Ländern kamen. Als sie dann von Noomi ermutigt wird, in ihr Heimatland zurückzukehren, weil sie dort sicherer sei, antwortet Ruth: „Dränge mich nicht, dich zu verlassen. Ich kehre nicht um, ich lasse dich nicht allein. Wohin du gehst, dorthin gehe ich auch; wo du bleibst, da bleibe ich auch. Dein Volk ist mein Volk und dein Gott ist mein Gott."

Ich musste auch herausfinden, welche Menschen „meine Leute" waren, da ich mich ihnen genauso hingeben wollte, wie Ruth es gegenüber Noomi tat. Ich erkannte letztendlich, dass es meine Familie, meine Freunde, meine Nachbarn, das Steiger-Team, die Leute in Amsterdam und überhaupt jede Person war, die Gott in Berührung mit meinem Leben brachte. Nachdem ich das verstanden hatte, bat ich Gott darum, mir zu zeigen, wie er sich meine Liebe diesen Leuten gegenüber vorstellte. Daraufhin merkte ich, dass mir tatsächlich Ideen kamen, wie es aussehen könnte, meine Mitmenschen zu lieben.

Ich begriff, dass mit anderen über Jesus zu sprechen, das ist, was mich am meisten erfüllte. Und zwar mit solchen Leuten, die nicht wissen, wie sie das Leben ergreifen können, das Jesus für sie bereithält. Es ist schön, ihnen bei ihrer Suche helfen zu können. Ich liebte es schon von Anfang an, mit Leuten auf den Straßen Amsterdams über genau dieses Thema zu reden. Gott überwältigte mich immer mit seiner unbegreiflichen Liebe für die Person, mit der ich gerade redete und für die unglaublichen Sachen, die er in ihrem Leben bewirken wollte. Jetzt machte selbst meine schwere Zeit als Teenager einen Sinn. Damals hatte ich auch keine Idee davon, wie ich den richtigen Weg für mein Leben finden konnte. Ich erahnte erst recht nicht, was für einen einzigartigen Weg ich einmal gehen würde. Das Einzige, was ich empfand, war ein Gefühl der Verlorenheit und das hasste ich. Seither hat Gott mir allerdings den Wunsch aufs Herz gelegt, andere bei ihrer Suche nach dem von Gott für sie sorgfältig geplanten Leben zu unterstützen.

Da Gott uns aber alle unterschiedlich gemacht hat, liegt jedem von uns etwas anderes auf dem Herzen. Je nachdem, welche Gaben er uns gegeben hat, werden uns unterschiedliche Bedürfnisse von Menschen auffallen. Meine Schwägerin ist ein ganz gutes Beispiel dafür. Patti ist die Person, die man um sich haben will, wenn man krank ist. Sie ist mittlerweile Krankenschwester, hatte aber seit jeher die Angewohnheit, sich um Leute zu kümmern, die krank waren oder durch Krisen gingen. Patti scheint immer zur Stelle zu sein, wenn jemand krank ist. Es ist nicht so, als würde sie bewusst versuchen in diese Rolle zu schlüpfen. Nein, es ist ganz im Gegenteil so, dass diese Eigenschaft auf natürliche Weise aus ihr herauszusprudeln scheint. Sie ist einfach so, wie Gott sie gemacht hat. Er hat ihr die Gabe der Barmherzigkeit gegeben, wobei der wichtigste Aspekt der ist, dass die Leute durch ihre Liebe und Fürsorge Jesus erkennen und ihn daher auch selber kennenlernen wollen.

Meine Freundin Marzena ist das passende Beispiel einer Organisatorin. Wenn sie über die Leute in ihrer Umgebung nachdenkt oder darüber, wie sie diese zu Jesus führen könnte, möchte sie immer am liebsten ein Event starten, bei dem sie von Gott erzählen kann. So etwas strömt ganz automatisch aus ihr heraus. So ist sie einfach. Man kann dieser Gabe einen Namen geben und es Gabe der Organisation nennen oder man sieht es einfach als ihre Art andere zu lieben. Man könnte also sagen, dass sie durch ihren organisatorischen Einsatz Leute zu Jesus „hin liebt".

Ich verstand, dass es ein paar ganz einfache Fragen gab, um meine Gaben zu entdecken. Was liegt mir im Blut, was tue ich also von Natur aus gerne und automatisch? Was für Ideen kommen mir, wenn ich Gott frage: „Wie kann ich meine Mitmenschen zu dir führen?" Die Gedanken, die Gott einem dann schenkt, sind ein wesentlicher Hinweis auf die eigenen Gaben. An diesem Punkt kommen auch Hauskreise und Bibelgruppen ins Spiel. Es ist wichtig, Leute um mich herum zu haben, die mich kennen, die für mich beten, mit denen ich mich regelmäßig treffe und die sowohl beobachten als auch darauf achtgeben, was ich tue. Das sind genau die Leute, die mir helfen können, ein Auge dafür zu bekommen, wie Jesus mich gebraucht. Wenn sie gute Freunde sind, die engagiert für mich beten, werden sie mir sagen können, auf welche Art und Weise Gott mich bereits einsetzt. Nachdem ich mich nun fragend an Gott gewandt hatte, durfte ich mich dem Gedanken gegenüber nicht verschließen, dass er mich auf eine ganz neue Art einsetzen könnte als zuvor. Ich möchte Gottes Wirken niemals dadurch eingrenzen, dass ich denke, er würde mich mein Leben lang nur auf ein und dieselbe Art gebrauchen. Ich möchte ihn wissen lassen, dass ich alles für ihn tun würde.

Gott zu fragen, wie ich meine Mitmenschen lieben kann, hat einen Vorteil gegenüber der Frage, was genau meine Gaben sind. Es nimmt den Blick von mir selbst und richtet ihn auf meine Umwelt. Gaben zu entdecken, kann viel zu schnell zu reinem Eigennutz werden. In dem Fall verlagert sich mein Fokus darauf, wie die Gaben mir Anerkennung und Erfüllung geben, anstatt dass ich sie dazu verwende, anderen Leuten dabei zu helfen, zum Glauben zu finden. Jesaja 58,6-11 zeigt uns, wie wunderbar es ist, sich selbst zu vergessen und anderen zu dienen.

> Nein, ein Fasten, wie ich es haben will, sieht anders aus! Löst die Fesseln der Gefangenen, nehmt das drückende Joch von ihrem Hals, gebt den Misshandelten die Freiheit und macht jeder Unterdrückung ein Ende!

Ladet die Hungernden an euren Tisch, nehmt die Obdachlosen in euer Haus auf, gebt denen, die in Lumpen herumlaufen, etwas zum Anziehen und helft allen in eurem Volk, die Hilfe brauchen!

Dann strahlt euer Glück auf wie die Sonne am Morgen und eure Wunden heilen schnell; eure guten Taten gehen euch voran und meine Herrlichkeit folgt euch als starker Schutz. Dann werdet ihr zu mir rufen und ich werde euch antworten; wenn ihr um Hilfe schreit, werde ich sagen: Hier bin ich! Wenn ihr aufhört, andere zu unterdrücken, mit dem Finger spöttisch auf sie zu zeigen und schlecht über sie zu reden, wenn ihr den Hungernden zu essen gebt und euch den Notleidenden zuwendet, dann wird eure Dunkelheit hell werden, rings um euch her wird das Licht strahlen wie am Mittag. Ich, der Herr, werde euch immer und überall führen, auch im dürren Land werde ich euch satt machen und euch meine Kraft geben. Ihr werdet wie ein Garten sein, der immer genug Wasser hat, und wie eine Quelle, die niemals versiegt.

Ich liebe diese Verse, weil ich finde, dass sie wunderbare Versprechen enthalten. Sie besagen, dass wir überaus gesegnet werden, wenn wir anderen geben. Unsere Wunden werden schnell heilen. Wir werden zu Gott rufen und er wird uns antworten. Das stellt einen klaren Unterschied zu dem dar, was uns von der Welt vermittelt wird. Dort geht es nur darum, sich selbst zu dienen, für sich selbst da zu sein. Uns wird gesagt, dass man an sich selbst denken muss, da sich andere nicht um einen kümmern werden. Bei Gott gilt das gegensätzliche Prinzip. Wir übergeben ihm unser Leben, dienen unseren Mitmenschen und finden erst dadurch unser Leben.

So gesehen könnten unsere „Gaben“ auch als unser „Geben“ gesehen werden. Ich stelle mir immer vor, dass Gott mir jeden Tag einen Korb voller Geschenke für andere Leute gibt. Diese sind schön eingepackt und tragen die Namen verschiedener Leute. Meine Aufgabe ist es dann nur noch, diese zu verteilen. So wird jeder Tag zu einem kleinen Weihnachten. Das ist vielleicht eine simpel wirkende

Darstellung unserer Gaben, aber sie erinnert mich daran, dass der eigentliche Zweck meines Lebens nicht komplizierter ist, als einfach Gott und die Menschen zu lieben. Und genau dadurch gelange ich zu dem außergewöhnlichen Leben, nachdem ich suche.

Während ich mich noch mit dem Thema der Gaben auseinandersetzte, erinnerte Gott mich wieder einmal an einen ganz bestimmten Tatbestand. Nämlich daran, was für eine Zeitverschwendung in dem Versuch lag, etwas anderes zu sein, als das, wozu Gott mich bestimmt hat. Und das kam so: Gott hatte zu mir darüber gesprochen, eine persönliche, kleine Welt mit ihm aufzubauen, wodurch ich einen richtigen Durchbruch erlebte. Mein Leben änderte sich total. Ich vernahm Gottes Stimme viel klarer als zuvor. Außerdem hatte ich auf einmal viel mehr Mut und Freiheit, ihn mit Liedern zu loben und anzubeten. Unglücklicherweise schloss mein werter Ehemann daraus, dass ich Teil der Anbetungsband werden sollte, die Steiger neu gegründet hatte. Ich entschloss mich, es wenigstens auszuprobieren, da ich mir ja vorgenommen hatte, Gott nicht in dem einzuschränken, was er durch mich bewirken wollte. Aber ich war keine Sängerin und gehörte meines Erachtens auch nicht als solche auf die Bühne.

Ich war also eines Mittwochabends, im Rahmen unseres Treffens, Teil der Band. Als wir dann zum musikalischen Teil, also der Anbetung, kamen, ging ich mit dem Rest der Musiker auf die Bühne. Während ich nach einem Mikrophon griff, dachte ich mir: „Was tue ich hier eigentlich? Das ist doch verrückt. Ich möchte doch eigentlich gar nicht so gerne, dass mir andere beim Singen zuhören. Die hier auf der Bühne, das bin ich nicht!“ Daher entfernte ich mich einen Schritt vom Mikrofon und tat nur so, als wäre ich Teil der Anbetungsband. Was für eine dumme Aktion, befand ich für mich, nachdem wir fertig waren. Ich wusste, wie es sich anfühlte, wenn ich etwas tat, wozu Gott mich aufgefordert hatte. Dann lief es einfach, ich konnte seine Kraft spüren und den Segen sehen, der von der Sache ausging. In der Anbetungsband mitzumachen, war hingegen schlichtweg dumm. Obwohl ich im Nachhinein glaube, dass Gott wahrscheinlich meine Bereitschaft schätzte es wenigstens zu versuchen, auch wenn es sich nicht als so gute Idee herausstellte.

Nach unserem Treffen machte ich mich gemeinsam mit einem unsere Teammitglieder auf den Weg nach Hause. Irgendwann bemerkte er in einem behutsamen Ton: „Weißt du Jodi, du musst nicht versuchen, so wie David zu sein. Also auf der Bühne zu stehen und zu singen. Gott hat dir andere Gaben gegeben." Ich wusste zuerst nicht, wie ich auf diesen Kommentar reagieren sollte. Mein Stolz wollte sagen: „Du hast doch keine Ahnung, wovon du sprichst. Es ging mir nicht darum, so wie David zu sein! Und erzähl du mir nichts über meine Gaben, denn von dir brauche ich mir so etwas nicht anzuhören. Alles, was ich wollte, war Gott gehorsam zu sein und, ja, ich habe da offensichtlich was falsch verstanden. Dennoch muss oder will ich mich jetzt nicht mit dir darüber unterhalten." Ich wusste natürlich, dass er Recht hatte. Schließlich hatte ich bereits vor einiger Zeit gelernt, dass es töricht war, etwas oder jemand zu sein, der ich in Wirklichkeit nicht war.

Ich hatte mir auch schon Gedanken darüber gemacht, was für eine Zeitverschwendung es allein war, sich ständig mit anderen Leuten zu vergleichen. Und ich muss sagen, dass es viele Personen um mich herum gab, die ich bewunderte. Trotzdem, es blieb sinnlos und falsch, ihnen gleich sein zu wollen oder mich schlecht zu fühlen, weil ich nicht so wie sie war.

Mir hilft das Beispiel eines Puzzles, um zu verstehen, dass es keinen Sinn macht, sich zu vergleichen. Jeder von uns hat ein Leben zu leben und jeder hat die Möglichkeit etwas zu geben, was sonst kein anderer beisteuern kann. Ich sollte immer an folgenden Satz denken: „Ich bin ein Teil des Ganzen. Ein Teil, den niemand anderes darstellen kann." Und das Schöne daran ist, dass diese Tatsache ebenso für jede andere Person gilt. Jeder von uns bringt Gott in das Leben unserer Mitmenschen, indem wir unser „Puzzleteil" da einsetzen, wo Gott es uns sagt; somit werden wir Teil eines wunderbaren Bildes, das von Gott kreiert wird. Und so arbeitet alles zusammen; mit jeder weiteren Person, die ihr Puzzleteil ablegt, wird Gott in das Leben von immer mehr Leuten gebracht, und so auch das Gesamtbild mehr und mehr vervollständigt. Wir alle haben die Verantwortung unsere Rolle einzunehmen; tun wir es nicht, bleibt das Bild unvollständig.

Wenn ich aber auf andere gucke und mir dabei denke: „Ich möchte wie diese Leute sein; Ich möchte lieber ihre, anstatt meiner Gaben haben“, ist es, als versuche ich mein Puzzlestück auf das, der anderen Person, zu legen. Dabei macht es keinen Sinn, mein Puzzleteil an einer Stelle einfügen zu wollen, wo es nicht hinpasst. Es würde nur alles in Unordnung bringen. Es liegt an mir, die Absicht und den Plan auszuleben, den Gott verfolgte, als er mich genauso schuf, wie ich bin. Also sollte ich auch von ganzem Herzen weitergeben, was Gott zu dem Zweck in mich hineingelegt hat, dass ich andere damit beschenke. Dann kann ich mir auch ab und an eine Pause gönnen, weil ich weiß, dass ich meinen Teil zu etwas Wichtigem beigetragen habe. Wenn ich dann einen Schritt zurücktrete, um von außen einen Blick auf die Sache zu werfen, kann ich sehen, wie sich mein Teil mit dem Teil anderer ergänzt. Also mit dem, was andere geben. Mir wird es sogar möglich, freudig und gespannt daran teilzuhaben, was andere Leute machen. Denn, wenn auch sie bereit sind zu geben, setzt sich Gottes wunderbares Bild mehr und mehr zusammen, woraufhin letztendlich immer mehr Leute zu Gott gebracht werden.

Das Wichtigste ist und bleibt, dass Gott dieses Puzzle gestaltet (hat). Er hat mir das Privileg eingeräumt, ein Puzzleteil beisteuern zu dürfen. Daher möchte ich meinen Teil aus ganzem Herzen, ganzer Seele und ganzem Verstand leben, und Gott darum bitten, dass er in meinen Taten lebendig ist, damit ihn die Leute um mich herum in diesen erkennen können. Der einzige Weg, wie das Wirklichkeit wird, ist Gott zu fragen, wie ich meinen Mitmenschen mit meinen Gaben dienen kann, meine Gaben also sozusagen weiter“geben“ kann. Das Letzte, was ich will, ist die Gaben anderer zu begehren, während ich meine eigenen missachte und dadurch versäume.

30. Oktober 1991

Lieber Freund,

„Papi, ich werde dich ganz doll vermissen, aber ich denke du solltest gehen, weil die Menschen von Jesus hören müssen.”

Ich hätte heulen können! Nachdem ich Aaron (meinen neunjährigen Sohn) gebeten hatte, dafür zu beten, ob ich auf eine Tour durch den kommunistischen Teil Asiens und durch die Mongolei gehen sollte, kam er zu mir, um mir Gottes Antwort mitzuteilen.

Es ist immer eine süß-saure Erfahrung, solch eine Tour in Betracht zu ziehen. Ich weiß, dass Gott große Wunder vollbringen wird, wenn wir seinen Namen in diesen vom Christentum noch unerreichten Teilen der Welt, verkünden. Genauso weiß ich jedoch, dass es körperlich, emotional und für unseren Glauben sehr anstrengend sein wird.

Ich kann den Gedanken nicht ausstehen, von meiner Familie getrennt zu sein, obwohl ich weiß, dass es Gottes Willen entspricht zu gehen. Dass Jodi und die Jungs mich verstehen und unterstützen, gibt mir Frieden.

Dazu verpflichtet, die Verlorenen zu erreichen,
David

15. April, 1992

Lieber Freund,

so viele junge Menschen, die zu uns kommen sind fehlgeleitet und innerlich kaputt...Karin ist ein junges, holländisches Mädchen, das nicht versteht, wenn wir ihr erklären, dass Sex vor der Ehe nicht in Gottes Sinne ist. Sie versteht das einfach nicht, weil ihre respektablen, christlichen Eltern das völlig in Ordnung finden!

Anneke ist noch eine junge Holländerin, die in ihrem Leben immer und immer wieder von Männern ausgenutzt wurde. Trotzdem schläft sie weiter mit jedem Mann mit dem sie ausgeht. Sie sagt, dass sie niemandem vertraut. Wenn ihr all dieses Misstrauen und die Verletzungen zu viel werden, kommt sie zu mir. Meistens nur um zu weinen. Sie vertraut aber nicht einmal mir genug, als dass sie sich von mir helfen lassen würde...zumindest bisher noch nicht!

Peter ist ein Holländer, der von all den Ängsten in seinem Leben wie gelähmt war. Intensive Gebete waren eine Zeit lang das Einzige, was ihm half, jeden Tag durchzustehen. Eines Abends entschied ich mich dann, ihm eine Chance zu geben ein bisschen selbstbewusster zu werden. Ich bot ihm eine Rolle in einem unserer Theaterstücke an, die wir während unseren Rock'n Roll Bibelstunden aufführten. Er machte seine Aufgabe echt toll und wollte immer mehr machen, also fing er nach und nach an mit unserem Team in Diskos und Bars mit Leuten über Gott zu sprechen. Jetzt leitet er sein eigenes Evangelisationsteam und kommt oft mit seinen neuen Ideen zu mir!

Wenn kaputte Leute wie Karin, Anneke oder Peter uns um Hilfe bitten, dann ist es unsere Aufgabe wiederum Gott zu bitten uns zu zeigen, wie wir ihnen helfen können, heil zu werden.

Noch ein Gebetsanliegen betrifft eine Frau in ihren Achtzigern, die früher unsere Nachbarin war. Sie wurde immer wieder in unserer Nachbarschaft ausgeraubt und beklaut, weswegen die Behörden die Dame ins Rotlichtviertel umsiedelten!! Keine Ahnung warum, aber genau dahin haben sie sie gesteckt. Letztens habe ich sie bis zu ihrem Appartement begleitet, da sie kaum noch laufen kann. Auf unserem Weg begegneten wir Abhängigen, die die Drogen suchten, die sie bei der letzten Polizeidurchsuchung verstecken mussten, sehr knapp angezogenen Prostituierten und streitenden und sich anschreienden Menschen…an alldem mussten wir vorbei gehen um zu ihr nach Hause zu kommen!! An dem Nachmittag konnte ich ihr von Jesus erzählen und ihr trotz dieser Umgebung Hoffnung zusprechen. Morgen werde ich die alte Frau wieder besuchen. Bete dafür, dass sie zu Gott finden wird.

Danke noch mal für all deine Liebe und Unterstützung!

DU MACHST ALL DIES MÖGLICH!

Jodi Pierce, auch im Namen von David

15. Juni, 1993

Liebe Freunde,

kurz vor unserem ersten Konzert in Polen ging ein Mitglied unseres Teams, Tim, mit unseren beiden Söhnen Aaron (11) und Benjamin (8) in ein kleines Restaurant, um ein bisschen Wasser zu trinken. Sie kamen mit dem Besitzer des Restaurants ins Gespräch und luden ihn zum Konzert an dem Abend ein. Aaron und Ben waren echt begeistert als er tatsächlich zum Konzert kam und haben sich noch viel mehr gefreut, als er der Erste war der nach vorn auf die Bühne kam, als David die Menschen zum Gebet aufrief. Der Mann erzählte David, dass er während der Predigt zwei Stimmen in seinen Gedanken gehört habe. Die eine sagte: "Hör nicht auf ihn, der lügt!", aber die andere sagte: "Er sagt die Wahrheit, geh nach vorne!" Nun ja, er entschied sich nach vorne auf die Bühne zu kommen und sein Leben Jesus zu übergeben!! Unsere Kinder waren so außer sich vor Freude, dass sie nicht mehr aufhören konnten über ihn zu reden und es für mich wirklich schwer war sie am Abend zu beruhigen und ins Bett zu bringen.

Die Kinder und ich sind auch sehr durch Gottes Wirken an unseren Nachbarn ermutigt worden. Ben hat jetzt jeden Abend für seine Freunde in der Nachbarschaft gebetet. Folglich war ich nicht überrascht als Gott den sehr kranken Jungen von nebenan heilte. Ich saß gerade bei ihm während er schlief und las ein Buch über Heilung. Ich schaute rüber zu ihm und dachte nur: "Also irgendwie ist das doch doof hier zu sitzen und darüber zu lesen, wie Gott heilen kann aber es nicht in die Tat umzusetzen." Ich begann zu beten: "Herr, du weißt wie abgeneigt die Mutter dieses kleinen Jungen ist. Wäre es nicht optimal, wenn sie aus erster Hand erfahren könnte, wie sehr du dich um ihren Sohn kümmerst? Bitte heile ihn." Ich öffnete meine Augen und nichts passierte. Er schlief ganz normal weiter. Als ich aber am nächsten Tag rüber ging um mit seiner Mutter zu reden, sah ich Arian rumlaufen und ich fragte seine Mutter was passiert sei. Sie sagte: "Ich verstehe das auch nicht, aber auf einmal ging es ihm wieder gut!!" Der Arzt hatte ihr gesagt, dass Arian noch vier bis fünf Tage lang krank sein würde. Ich erzählte ihr von den Gebeten und es war offensichtlich, dass sie gerührt war. Ich glaube es ist Zeit, dass sie ihr Leben Jesus übergibt. Bitte betet dafür, dass Gott ihr Herz dafür vorbereitet und das sie auf Gottes offensichtliche Liebe für ihre Familie reagiert. Alles was ihr gebt und all eure Gebete machen es unserer Familie möglich, anderen von Jesus zu erzählen. Danke für eure Großzügigkeit!

Liebe aus Amsterdam,

Jodi Pierce

12

Egal, was kommen mag

Unser Dienst hörte nicht auf zu wachsen; es kamen immer mehr Leute zu unseren evangelistischen Veranstaltungen und es fanden auch immer mehr ihren Weg zu Gott. Die Band wiederum schien eine recht unübliche Berufung zu haben, denn es fand fast jeder Auftritt an völlig säkularen Orten statt. Dafür durften wir aber jedes Mal miterleben, wie Leute zum Glauben kamen, die niemals in eine Kirche gegangen wären.

Die Band wurde sogar eingeladen in einem Jugendclub der Terroristenorganisation ETA in der spanischen Stadt Bilbao zu spielen. Dort angekommen begegneten wir Bildern, die darstellten wie Maria, die Mutter Jesu, an einem Galgen hing oder auch, wie dem amerikanischen Präsidenten Reagan Blut aus dem Kopf hervorschoss. Uns wurde gesagt, dass die Leute in diesem Club sowohl Amerikaner, als auch alles, was mit dem Christentum zu tun hat, hassten. Unsere Band wurde also wieder einmal dazu aufgefordert, ihre Ängste zu überwinden. Es konnte niemand erahnen, was während unseres Auftrittes passieren würde, geschweige denn, wie das Publikum auf unsere christliche Botschaft reagieren würde; doch war für uns etwas anderes entscheidend; wir wussten, dass Gott uns in diesem Club haben wollte. Wenn er uns bat, an einem bestimmten Ort zu spielen, dann konnten wir uns auch darauf verlassen, dass er bei uns war. Das hieß auf der anderen Seite, dass wir an Orten, an die Gott uns nicht gerufen hatte, auch nicht zu spielen hatten.

Die Band trat also in dem ETA Club auf. Im Anschluss redeten wir mit verschiedenen Personen, die das Konzert gesehen hatten. Ich erlebte, dass Gott mir, wie immer, eine unglaublichen Liebe für die Leute an diesem Ort schenkte. Als ich auf einen der einheimischen Organisatoren zuging, konnte ich mich sogar ganz freundschaftlich mit ihm unterhalten; ich hörte ihm zu und er hörte mir zu. Die Band machte die Erfahrung, dass in solchen verhärteten Orten immer etwas durchzubrechen schien, sobald wir unverhohlen über Jesu Tod am Kreuz predigten. Dann schlug die Atmosphäre zum Guten um und die Feindseligkeiten verschwanden, so dass wir mit den anwesenden Leuten ganz unverkrampft über die Beziehung reden konnten, die ihnen Gott anbietet.

Zu dieser Zeit sah unser Team eine Dokumentation auf BBC, die sich mit einer polnischen Band befasste. Ihr Leadsänger berichtete über die Probleme, die er in der Welt sah und erklärte, dass er alles tun wollte, was in seiner Macht stand, um die Lage zu verbessern. Nachdem wir diesen Bericht gesehen hatten, entschieden wir, mit unserem Team zu dem polnischen Festival zu reisen, bei dem diese Band spielen würde. Wir erfuhren bei unserer Ankunft allerdings, dass wir als ausländische Band nicht auftreten durften. Irgendwie erlaubte uns dann aber eine katholische Kirche, unser Konzert auf ihrem Grundstück abzuhalten. Wir konnten es zuerst nicht glauben, als wir die Band aus dem BBC-Bericht, während unseres Auftritts im Publikum entdeckten! Wir unterhielten uns nach dem Konzert mit ihnen und beteten sogar zusammen. Dabei übergaben der Bassist und der Leadsänger ihr Leben an Jesus. Als David und ich danach mit dem Leadsänger zurück zum Festival gingen, merkten wir, wie bekannt er war. Jeder schien ihn zu kennen und mit ihm reden zu wollen. Wir waren überwältigt, als wir darüber nachdachten, wie Gott diesen Mann benutzen könnte, wenn er seine Entscheidung für Jesus ernst nahm. Wir waren vor allem begeistert, weil wir jetzt bestätigt sahen, dass Gott damals tatsächlich durch die Dokumentation zu uns gesprochen hatte und uns die verrückte Idee gab, nach Polen zu gehen.

Unser Dienst wurde weiterhin größer, so dass uns Leute aus der ganzen Welt besuchen kamen, um sich unsere Arbeit anzugukken. David und ich kamen gar nicht dazu, uns darüber Gedanken zu machen, weil wir viel zu beschäftigt waren. Zusätzlich zu alldem, was wir bereits taten, hatten wir nun das Gefühl, dass Gott uns nach Russland, Sibirien und in die Mongolei rief. Ich nahm an der ersten Reise nicht teil, sondern ließ David und die Band gehen. Ein paar Monate später machten David und ich uns noch einmal alleine auf den Weg und Gott schenkte uns, während wir dort waren, eine Vision für diese Orte. Wir wollten mit einer großen Schar von Leuten zurückzukommen, die verschiedene Teams bilden würden – ein Team, das die Auftritte der Band organisierte, ein Gebetsteam, das der Band vorausreiste und ein Nachfolgeteam, das Gemeinden gründete und sich um die Leute kümmerte, die sich bei den Konzerten bekehrten.

Wir konnten gar nicht erwarten mitzuerleben, wie so viele Leute ihre verschiedenen Gaben nutzen würden, um zusammenzuarbeiten. Wieder in Amsterdam angekommen, präsentierten wir unsere Vision dem Team von JMEM. Unsere Pläne nahmen immer mehr Gestalt an und es stiegen immer mehr Gruppen in das Projekt mit ein. Einige machten sich schon mal auf den Weg nach Sibirien, um Kontakte zu knüpfen und um sozusagen den Weg für uns und unsere christliche Botschaft zu ebnen. Leute aus Amerika kamen und gründeten Gemeinden, die wir für die Personen benötigen würden, die ihr Leben bei den Auftritten Jesus übergeben würden. Das Ganze war ein Beispiel für die unglaubliche Kraft dessen, was passiert, wenn Menschen gemeinsam Gott dienen! Es wurden letztendlich acht Gemeinden gegründet und wir hören noch bis heute von den Personen, die während unserer Zeit dort zum Glauben kamen.

Es schien uns, als wäre Gott nichts unmöglich. Wir lebten von Spenden und erhielten anfangs nur 150 Dollar pro Monat. Das Meiste davon benötigten wir für die Rückzahlung der Kredite, mit denen wir unser Studium in den USA bezahlt hatten. Trotzdem war es uns möglich, die ganze Welt zu bereisen und mitzuerleben, wie Gott Großes bewirkte! Und wir hatten wirklich schon so vieles gesehen was Gott machte. Jetzt allerdings hielt er erst einmal eine große Veränderung für unsere Familie bereit. David wurde nach Neuseeland eingeladen, um in einigen Gemeinden und bei einem großen Festival zu predigen. Während er sich mit einigen ansässigen Pastoren und christlichen Leitern traf, überkam ihn das Gefühl, dass wir im nächsten Jahr als gesamte Familie dort hin reisen sollten. Das taten wir dann auch, einschließlich der Band, für die wir eine evangelistische Tournee durch die Nord- und Südinsel Neuseelands´ organisierten. Und wir genossen es!

In David und mir bestärkte sich das Gefühl, dass Gott unsere Familie bat, nach Neuseeland zu ziehen, was einen riesigen Schritt forderte. Doch als wir im nächsten Jahr wieder dorthin reisten, fühlten wir nur noch stärker, dass Gott unsere Familie an diesem Platz haben wollte. Wiederum ein Jahr später zogen wir letztendlich um und machten Neuseeland zu unserem Zuhause. Wir waren 16 Jahre in Amsterdam gewesen, hatten aus dem Nichts einen christlichen Dienst und eine Gemeinde gegründet, von der aus wir auch in andere Länder gereist waren, um dort das Gleiche wie in Amsterdam aufzubauen. Jetzt war zum ersten Mal der Zeitpunkt, an dem es sich richtig anfühlte, Holland zu verlassen.

Wir wussten zwar nicht genau, warum uns Gott nach Neuseeland rief, aber eins wurde uns schnell klar: Neuseeland war ein wunderschönes Land! Wir wohnten in dem kleinen Ort Peka Peka, der vom Meer und von Bergen umgeben war. Nachdem wir vorher jahrelang von den Betonwänden Amsterdams umgeben worden waren, bedurften wir der Schönheit Neuseelands jetzt mehr, als wir dachten. Das Leben in Peka Peka schien so einfach. Hier brachte ich die Jungs morgens einfach ans Ende unserer kleinen Landstraße, von wo aus sie dann der Schulbus mitnahm. In Amsterdam hingegen mussten Aaron und Ben jeden Morgen mit der U-Bahn quer durch die chaotische Stadt fahren.

Trotzdem mussten wir uns in Neuseeland erst einmal ein komplett neues Leben aufbauen – neue Freunde, eine neue Gemeinde und eine neue Bleibe finden. In Amsterdam hatten wir uns 12 Jahre lang eine Wohnung gemietet; jetzt überlegten wir, ob wir versuchen sollten, ein Haus zu kaufen. Somit besichtigten wir ein kleines, bescheidenes Haus nahe des Strandes. Es war zwar nicht groß, aber wir dachten, dass es ausreichen könnte. Was allerdings nicht ausreichte, um eine Anzahlung zu machen, war unser Geld. Wir waren entmutigt und gingen in ein kleines Café, um über mögliche Schritte nachzudenken. Dieses Café befand sich zufällig gegenüber von dem

Büro eines Immobilienmaklers, bei dem Bilder von Grundstücken aushingen, die in Peka Peka zum Verkauf standen. Obwohl wir uns diese schon einmal angeguckt hatten, ohne etwas zu finden, was wir finanzieren konnten, beschlossen wir einen weiteren Blick zu wagen. Um eine lange Geschichte kurz zu fassen, wir trafen uns mit dem Makler eines der Grundstücke, sagten ihm, dass uns nicht viel Geld zur Verfügung stand und er entschloss sich, uns zu helfen. So kamen wir letztendlich dazu, ein viel schöneres Haus zu bauen, als das, was wir anfangs ins Auge gefasst hatten. Gott wusste wie immer, was er tat und hatte viel bessere Pläne für uns, als wir selber.

Wir lebten uns schnell in unserem neuen Zuhause ein. David blieb Teil der Band und sie unternahmen weiterhin evangelistische Touren durch Europa. Dabei blieb es aber nicht, denn David reiste bald sogar nach Indien, Singapur und Australien. Ich blieb in Neuseeland, da Aaron und Ben mittlerweile an weiterführenden Schulen waren. Es wurde trotzdem schnell klar, dass Gott hier ganz neue Herausforderungen für mich bereit hielt. Ich spürte, dass mein Vertrauen gewachsen war; dass mein Bedürfnis, andere zu beeindrucken, nicht mehr so stark war; und, dass ich nicht mehr daran zweifelte, dass Gott mich gebrauchen wollte. Daher war mir klar, dass ich nun für größere Schritte bereit war. Doch musste ich mich dafür erst einmal mit meiner Angst auseinandersetzen. Kurz darauf konfrontierte mich Gott mit einer meiner größten Ängste.

Ich war gerade dabei, den Rasen zu mähen, als mich der Pastor einer größeren Gemeinde anrief und mich darum bat, in seinem Gottesdienst zu predigen. Mich überkam sofort der übliche Horror davor, vor Publikum zu sprechen. Ich hatte wirklich kein Verlangen danach dort zu predigen. Der Pastor war jedoch nicht von seiner Idee abzubringen. Ich verspürte ein bedrückendes Gefühl, nachdem ich aufgelegt hatte, weil ich wusste, dass ich nun nicht mehr um eine Entscheidung herum kam: Will ich im schönen Neuseeland bequem werden oder werde ich auch weiterhin im Glauben Schritte nach vorne gehen?

Ich wandte mich wieder dem Rasen mähen zu, spürte jedoch, wie der Gedanke, in dieser Kirche zu predigen, immer stärker auf mir lastete. Zur gleichen Zeit strömten die Ideen für eine mögliche Predigt regelrecht auf mich ein. Es war, als würde jemand anderes an meiner Stelle denken und so ging ich widerwillig ins Haus, um die Gedanken aufzuschreiben. Als ich mir meine Notizen später anschaute, beschlich mich das Gefühl, als wären dies genau die Worte, die ich der Gemeinde mitteilen sollte. Aber ich dachte trotzdem: „Ich möchte das wirklich nicht machen." Es lagen bis zur Predigt noch acht bis neun furchtbare Tage vor mir, während derer ich sehr nervös war. Ich konnte mir einfach nicht vorstellen, vor so vielen Leuten zu sprechen. Es ist schwer zu erklären, aber da war trotz meiner Angst etwas in mir, das mich drängte die Herausforderung anzunehmen. Es waren mittlerweile Jahre seit meinem schrecklichen Erlebnis der sechsten Klasse vergangen, doch fürchtete ich mich immer noch davor, vor Publikum zu sprechen. Hatte sich denn gar nichts geändert? Hatte ich Gott nicht schon unglaublich viel tun sehen? Ich war bereit, jeden einzelnen Schritt zu gehen, den er von mir verlangte; nur beim Thema des öffentlichen Redens hatte ich immer mit Angst zu kämpfen und wusste nicht warum.

Schließlich war es so weit. Es war Sonntagmorgen und David half mir so gut es ging, bei meinen letzten Vorbereitungen. Ich hatte meine Predigt im Vorhinein so lange mit ihm geübt, bis ich sie auswendig konnte, hatte aber dennoch Angst. David wuselte sogar noch, an der Kirche angekommen, ständig um mich herum, weil er alles in seiner Macht stehende tun wollte, um mir unter die Arme zu greifen. Ich war dazu entschlossen, mich nicht auf die Bühne zu stellen, falls es keine Kanzel oder Ähnliches gäbe, hinter der ich mich verstecken könnte. Es stellte sich heraus, dass die Gemeinde so etwas normalerweise nicht benutzte; das einzige, was sie mir anbieten konnten, war der Notenständer eines der Musikanten. Ich dachte mir: „Das könnt ihr vergessen. Ich brauche mehr als dieses Teil." Sie schafften für mich letztendlich ein komisch aussehendes, provisorisches Rednerpult auf die Bühne, was nichts daran änderte, dass ich dasaß und dachte: „Ich schaffe das einfach nicht." Somit war ich sehr überrascht, als ich wahrnahm, dass ich mich wie durch ein Wunder in Richtung Bühne bewegte, als mich der Pastor der Gemeinde vorstellte.

Genau so ein Wunder passierte danach. Ich stand also auf der

Bühne, wobei ich versuchte, mich hinter dem Pult zu verstecken und fing an zu sprechen. Es war eine sonderbare Erfahrung, weil ich mir vollkommen im Klaren darüber war, dass ich aus eigener Kraft, nicht dazu fähig gewesen wäre, mich vor diese Gemeinde zu stellen. Jetzt spürte ich deutlich, dass Gott an meiner Seite stand, was mir ein großartiges Gefühl gab. Außerdem wusste ich, dass meine Worte eigentlich seine Worte waren. Nach der Predigt konnte ich den Reaktionen der Leute entnehmen, dass die Predigt anscheinend gut gelaufen war. In gewisser Weise spielte die Meinung der anderen aber gar keine Rolle für mich. Denn, was ich eigentlich empfand war, dass ich gerade einen Sieg für Gott und mich errungen hatte und damit hatte niemand anderes etwas zu tun.

Doch ehrlich gesagt war ich froh, als der Gottesdienst hinter mir lag. David und ich gingen im Anschluss mit ein paar Freunden Mittagessen. Als mir diese sagten, dass ich meine Sache gut gemacht hatte, konnte ich sie bloß angucken und dachte: „Ihr habt keine Ahnung, wie viel das alles für mich bedeutet." David hingegen wusste es. Zu Hause angekommen, musste ich erst einmal allein sein. Ich setzte mich hin, weil ich erschöpft war und dachte mir: „So schnell werde ich diesen Tag sicherlich nicht vergessen." Es war doch irgendwie komisch, dass ich meine Angst immer noch nicht überwunden hatte, obwohl ich im Laufe meines Lebens so oft vor Publikum geredet hatte. Wahrscheinlich sogar häufiger, als die meisten anderen Leute. Jetzt wollte Gott mir offensichtlich zeigen, wie weit ich seitdem gekommen war. Ich hatte sein Wirken so häufig bezeugen dürfen; ich vertraute ihm in allen Bereichen meines Lebens; ich war nicht mehr allein, weil ich einen liebenden Vater an meiner Seite hatte. Nur eine Sache blieb gleich: Ohne Gott konnte ich nichts! Er wollte mich auf noch bedeutendere Art und Weise gebrauchen, doch solange ich eine entscheidende Sache vergaß, konnte er mich nicht in dem Maße einsetzen, wie er es sich wünschte. Und zwar musste ich mich immer daran erinnern, dass ich gar nichts ohne ihn, sondern alles nur mit ihm machen könnte!

Kurz nach diesem Erlebnis, durfte ich eine Bibelgruppe leiten und war wieder einmal aufgeregt. Ich war frustriert, weil ich es nicht schaffte, mich zu entspannen und so sagte ich zu Gott: „Ich verstehe das einfach nicht. Ich dachte, wir hatten das Thema längst durch. Wolltest du mir meine Angst nicht nehmen?"

Ich hatte das Gefühl, dass Gott daraufhin Folgendes antwortete: Er hatte seine Hände schon seit der sechsten Klasse mit im Spiel, da er meine Probleme mit diesem Thema, dazu gebrauchen wollte, um mir zu zeigen, wie sehr ich auf ihn angewiesen war. Es sollte als stetige Erinnerung an diese Tatsache dienen. Ich hatte gesehen, was bei dem Versuch, mein Leben in die eigenen Hände zu nehmen, herausgekommen war. Während der letzten Jahre hatte ich aber wiederum erlebt, wie es war, die Kontrolle an Gott zu übergeben. Ich wusste daher, dass ich meinen Blick auf Gott gerichtet lassen musste, anstatt auf mich selbst zu schauen, um weiterhin das außergewöhnliche Leben zu führen, nach dem ich mich sehnte. Obwohl es mir nicht leicht fiel, sagte ich daher zu Gott: „Ja Herr, ich werde auch weiterhin vor anderen Leuten sprechen. Ich werde dir selbst dann vertrauen, wenn ich unglaublich nervös bin."

Dieses Vertrauen hat mir so viel Freiheit gebracht. Ich neige manchmal dazu, auf Gespräche zurückzublicken und zu denken: „Das und das habe ich aber nicht sehr gut ausgedrückt. Ich wünschte, ich hätte andere Worte gewählt. Das wird sie jedenfalls nicht beeindruckt haben." Es kam so häufig – viel zu häufig – vor, dass ich einzelne Gespräche im Rückblick immer und immer wieder durchging. Das macht einen verrückt! Ja, ich möchte Sachen gut machen. Ich möchte Dinge gut ausdrücken. Aber ich kann es eben nur so gut machen, wie es mir mit Gottes Hilfe möglich ist. Danach muss ich die Sache vergessen, einfach hinter mir lassen und weitergehen. Ich glaube, das ist was es bedeutet, sich Gott hinzugeben. Ich lebe für niemand anderen als für ihn. Wenn er mit mir zufrieden ist, dann bin ich es auch. Es liegt eine unglaubliche Freiheit darin, sich dafür zu entscheiden, sich nicht mehr zu sorgen, sondern die Last stattdessen an den Ort zu werfen, wo sie hingehört. Auf seine Schultern.

So simpel das auch klingen mag, wende ich diese Weisheit doch jeden Tag an. Ich könnte den ganzen Tag lang an bestimmte Situationen zurückdenken, um mir zu wünschen, mich anders verhalten zu haben. Schlussendlich komme ich aber zu dem Fazit, dass ich niemals alles perfekt machen werde. Ich kann mich nur dazu entscheiden, mein Bestes zu geben und Gott das Ergebnis zu überlassen. Denn das Einzige, worum ich besorgt sein sollte ist, jeden Tag von neuem an Gott abzugeben und um seine Hilfe und seinen Segen zu bitten. Das war es aber auch schon. Wenn Leute mich mögen, tun sie das, weil Gott mir ihr Herz zugewandt hat. Nicht, weil ich irgendetwas richtig gemacht hätte. Mögen sie mich aber nicht, obwohl ich mein Bestes gegeben habe, muss ich die Situation aus der Gewissheit heraus, dass ich alles mir Mögliche getan habe, an Gott abgeben. Ich muss darauf vertrauen, dass er weiß, was er tut. So dass ich alles vor ihn bringen und bei ihm zurücklassen kann, damit ich mich für die nächste Sache bereit machen kann. Wenn sich in meinem Leben Türen öffnen, dann weil er sie für mich öffnet. Nicht, weil ich alles perfekt gemacht habe. Ich kann mich entspannen, weil ich weiß, dass mein Leben in seiner Hand gut und sicher aufgehoben ist. Ich bin sein Kind, daher ist es nicht mein Job, mir über alles Sorgen zu machen.

15. März 1993

Liebe Freunde,

1989 kam an einem kalten, regnerischen Abend der

25-jährige Holländer Jan auf unser Boot spaziert. Die Musik der Band hatte seine Aufmerksamkeit auf sich gezogen und er blieb nach dem Konzert noch, um sich die Botschaft aus der Bibel anzuhören. Er konnte die Echtheit und Wahrheit in dem spüren, was gesprochen wurde und so ging er nach vorne um Jesus zu bitten ihn zu erretten.

Der Abend auf dem Boot war genial, aber am nächsten Tag war das Gefühl verschwunden und er kehrte in sein altes Leben zurück. Er fühlte sich total verloren. Und obwohl er einen tollen Job bei einer amerikanischen Computerfirma hatte, verlor er nach und nach seine Familie und seine Freunde, weil er spielsüchtig war.

Vor ein paar Wochen kam Jan auf das Boot zurück. Nun in seinen

Dreißigern angekommen, hatte er dasselbe Gefühl wie vor ein paar Jahren. Aber genau wie damals wollte er wieder gehen, als Donny, ein Obdachloser und Mitglied unserer Gemeinde, ihm nachlief und ihn zurückbrachte.

In der Nacht bat Jan um Gebet, um von seiner Spielsucht befreit zu werden. Vor fünf Jahren hatten wir noch keine Gemeinde in die Jan gehen konnte. Inzwischen können wir ihm die Unterstützung geben, die er braucht, um zu dem Mann zu werden, den Gott sich vorgestellt hat als er ihn machte.

Dank euch ist Jan nicht mehr verloren - er hat ein neues Leben in Jesus gefunden. Eure Liebe und Unterstützung macht es uns möglich Jan und noch vielen anderen zu helfen. Wir schätzen euch sehr!

David, Jodi, Aaron und Benjamin

15 Juni, 1994

Liebe Freunde,

Als ich William traf, war er gerade aus seinem winzigen Dorf in Holland fluchtartig nach Amsterdam gezogen. Er trug einen schwarzen Mantel, dick aufgetragenes, schwarzes Make-up um die Augen und redete mit mir darüber, wie unglaublich einsam er sich fühlte. Er dachte, er wäre vielleicht homosexuell oder er bräuchte eine Geschlechtsumwandlung. Alles, was er wirklich brauchte war eine Familie, der er nah genug am Herzen lag, dass sie ihm von seinem Schöpfer und dem Sinn seines Lebens erzählte. Das war 1985. David und ich waren gerade dabei in Amsterdam einen Platz mit einer einladenden Atmosphäre für Leute wie William zu schaffen.

Zwei Jahre zuvor, als Gott begann mit mir und David darüber zu reden, wer in unserer neu gegründeten Gemeinde in Amsterdam Pastor werden sollte, war es uns ungemein wichtig, dass die familiäre Atmosphäre bestehen bleiben würde. Als wir dann letzten Sonntag an Bord unseres roten Bootes gingen, auf dem wir Steiger 1984 gegründet hatten, waren wir dem Herrn unglaublich dankbar, denn das Boot war vollgepackt mit jungen Menschen. Kein Wunder, denn Dick de Flores (der Mann, den David und ich gefragt hatten Pastor zu werden) hat so eine riesige Leidenschaft für Jugendliche, wie ich sie selten in meinem Leben erlebt habe. In der Predigt an Bord sprach David darüber, dass Gott auf der Suche nach Menschen ist, die ihn um Gerechtigkeit im Namen dieser Welt anflehen. Diese Leute hatten hier an Bord Gott kennen gelernt und waren Teil einer Familie geworden. Ich dachte daran, wie aufregend es wäre, wenn diese Leute mit uns kommen würden, um anderen Menschen in Neuseeland, Vietnam oder Polen die gleiche Chance geben zu können.

David und das Team sind im Moment auf einer Tour durch Polen. Danach starten sie ein Nacharbeitscamp, um allen denen im Glauben zu helfen, die während der Tournee zu Jesus fanden. Diesen Herbst senden wir ein Team nach Polen, um ein Projekt zu starten, das Davids und meiner Arbeit in Amsterdam ähnelt. Wir haben alle Kontakte dafür genutzt, die wir auf unseren vielen Touren in Polen geknüpft haben.

Betet dafür, dass es sehr bald auch so eine Kirche für die vielen innerlich verletzten jungen Menschen in Polen geben wird, wie wir sie in Amsterdam haben.

In Liebe, Jodi Pierce

November 1995

Liebe Freunde,

Früher hat die Warschauer Polizei alle jungen Männer, die Ohrringe trugen, aufgegabelt. „Du hast zwei Möglichkeiten!", schrien sie dann. „Entweder reiße ich dir beide aus dem Ohr oder ich schlag dich für jeden Ohrring, den du trägst!" Meistens entschied ich mich für die Schläge, erzählte mir Darek.

Das erste Mal hatte ich Darek auf einem Rockfestival in Jarocin, Polen getroffen. Er war ein Hardcore-Anarchist, der häufig Kämpfe gegen die Polizei anführte. Um nicht zum Militärdienst eingezogen zu werden, legte er einen Monat lang das Verhalten eines Geisteskranken an den Tag, der Angst hatte aus dem Bett zu steigen.

Darek war ein echter Revolutionär, der auf der Suche nach etwas Sinn in seinem Leben war. Noch dazu war er der Bassist und Songwriter einer der größten Hardcore-Bands in Polen. „Musik wird die Welt nie verändern, Darek. Das kann nur Gott. Du musst Jesus dein Herz geben. Gott hat einen Plan und Ziel für dein Leben!" sagte ich ihm. Darek und ich weinten zusammen, als er sein Leben und dessen Sinn Jesus widmete. Das ist das Zeugnis von Gottes Liebe und Vergebung, das Darek Malejonek in Bombay, Indien, anderen Leuten mitteilen wird. Darek und ich werden im Dezember dort sein, von der Liebe Christi in weltlichen Bars und Discos predigen und Vorbereitungen für unsere weltweite, missionarische Tour im nächsten Jahr treffen.

Eine indische Kirche (New Life Fellowship) vor Ort wird uns mit dem Nacharbeitscamp und kommenden Tourneen helfen. Ton Snellart, ein Mitglied unseres internationalen Teams, wird für ein paar Monate in Indien bleiben, um mit den Vorbereitungen für die Fan-Clubs, aus denen neue Gemeinden entstehen sollen, zu helfen. Wir hoffen diese nächstes Jahr, nach der weltweiten Tournee zu starten.

Für diese verlorene Generation,
David Pierce

Aus dem „The Christian Herald“ (dt: „Der christliche Bote“):

4. Januar 1992

Aufgrund einer Reihe von Konzerten einer kontroversen missionarischen “shock and roll” Band hat die winzige christliche Kirche der Mongolei einen unglaublichen Zuwachs erlebt. Geschätzte 600 Mongolen haben sich nach Auftritten der Gruppe “No Longer Music”, deren dramatische und missionarische Show lauten Rock und bizarre Spezialeffekte bietet, für Christus entschieden.

Die überwältigende Reaktion war viel stärker als in einem atheistischen Land von zwei Millionen Menschen zu erwarten ist. Die Mongolei ist eins der am wenigsten missionierten Länder, in welchem bis vor kurzem nur ungefähr 100 offiziell bekannte Christen wohnten.

Bandleiter und Sänger David Pierce gab nach seiner Rückkehr in den Westen im November zu, dass er sich unsicher gewesen war, wie seine Gruppe in der einst buddhistischen Volksrepublik Mongolei nach einer vierwöchigen Tour durch die UdSSR empfangen werden würde.

„Ich habe mich gefragt, ob es irgendeine kulturelle Brücke gäbe oder wie angebracht das für sie war, was wir taten,” sagte er. „Im Gegensatz zur Sowjetunion sind die Leute hier verschlossen und empfangen dich nicht mit offenen Armen, nur weil du aus dem Westen kommst.”

Trotzdem blieben nach sieben Konzerten in Ulan Bator, der Hauptstadt, und Dachran insgesamt 623 Mongolen und dazu noch 700 Russen nach der Predigt des Evangeliums, um zu beten und Christen zu werden.

Am Ende jedes Auftrittes verkündete Pierce das Evangelium und lud diejenigen ein, die darauf reagieren wollten, noch zu bleiben und mit ihm zu beten.

Der Pastor einer der einzigen zwei Kirchen des Landes hat jetzt begonnen einen speziellen Gottesdienst auf Russisch anzubieten, um die Bedürfnisse der neu Bekehrten zu stillen. Er koordiniert auch Fortsetzungscamps für die, die nach den Konzerten zum Glauben gekommen sind.

Ein dauerhafter Langzeitmissionar aus der Mongolei, der auch die Bibel in die mongolische Sprache übersetzte, sagte zu Pierce, dass er glaube, die Tour sei so erfolgreich gewesen, weil die mongolischen Leute sich so gut mit dem radikalen Stil von No Longer Music identifizieren konnten.

“Die Söhne und Töchter von Genghis Kahn reagieren stärker auf lauten Lärm, Kraft, Wildheit und Heftigkeit als auf irgendwas anderes,” sagte er.

Schneller Rock mit christlichen Liedtexten - in englisch gesungen, aber ins Mongolische übersetzt und an eine Leinwand als Untertitel projiziert - wird auf den Konzerten zusammen mit einer Neuinszenierung der Kreuzigung und elektronischen Effekten geboten.

Mit einer fünf Mann starken Gruppe von JMEM aus Amsterdam, spielte NLM 17 Konzerte in der UdSSR, wobei sie erlebten wie 400 Leute beteten um Christus in ihrem Leben zu empfangen.

Nach dem aktuellen Album, worauf ein Lied sexuelle Reinheit verfechtet, ist auch die “No Sex Tour” benannt. Den Titelsong des Albums sang Pierce auf einem roten, mit Satinbettwäsche bezogenen Bett, dass mit blinkenden Lichtern und „Verboten!”- Schildern ausgestattet war.

„Es sollte eine leicht humorvolle Darstellung mit einer ernsten Botschaft sein. Das bewirkt, dass sich die Leute Fragen stellen.”, sagte Pierce, der in einem anderen Teil des Konzerts aus einem riesigen Sarg sprang.

Im Moment gibt es für nächstes Jahr Pläne für eine riesige Nacharbeits-Tournee durch mehr als ein dutzend mongolische Städte.

13

Ein außergewöhnliches Leben

Es war gerade Halbzeit bei einem Fußballspiel meines Sohnes und so saß ich im Auto und wartete. Dabei erblickte ich in meiner Nähe ein kleines Mädchen, das für mich das Sinnbild purer Freude darstellte. Wenn sie nicht damit beschäftigt war, den Fußball ihrer Brüder rumzukicken, wirbelte sie um sich selbst. Während ich da saß und beobachtete, wie sie sich im Kreis drehte, gingen mir auf einmal die Augen auf; dieses Mädchen war die perfekte Darstellung davon, was es bedeutet, sich um nichts in der Welt zu kümmern oder zu sorgen. Als ich dann auch noch entdeckte, dass ihr Vater sie aus seinem Auto heraus im Blick behielt, fing ich auf einmal an zu verstehen: sie konnte sich vergnügen, weil ihr Vater in der Nähe war. Er wäre sofort zur Stelle, um sie zu beschützen, sollte irgendjemand auftauchen, der seine Tochter verletzen oder ihr etwas anhaben könnte. Es war seine Anwesenheit, die es ihr erlaubte, ein unbekümmertes Mädchen zu sein. Ich fühlte wie Gott zu mir sagte, „Jodi, so ist das auch mit dir und mir. So sehe ich dich und so möchte ich auch, dass du mich siehst." Er will, dass ich mich sicher fühle und sorgenfrei bin. Und zwar aus der Gewissheit heraus, dass er bei mir ist, auf jeden meiner Schritte achtgibt und mich niemals verlassen wird.

Das Bild, das ich von der Beziehung mit meinem himmlischen Vater habe, beeinflusst jeden einzelnen Tag meines Lebens. Ich weiß, dass er mich liebt und Gutes für mich will. Und weil er ein guter Vater ist, kann ich ihm auch vertrauen, wenn er mich darum bittet, etwas zu tun.

Gott hat mich mit einem unglaublich wunderbaren Leben gesegnet. Ich bin buchstäblich durch die ganze Welt gereist. Dieses ehemals schüchterne Mädchen hat mit jeder erdenklichen Art von Personen gesprochen. Von den verrücktesten Punks, bis hin zu den sich am exzellentesten ausdrückenden Intellektuellen. Ich durfte von einigen der weisesten Lehrern weit und breit lernen und mit einigen der leidenschaftlichsten Leute zusammenarbeiten. Leute, die überlebensgroße Visionen haben. Ich war in der wilden Mongolei und stieß in diesem Land auf einen noch wilderen Mann, der als Erster den Leuten dort die Bibel brachte. Ich saß neben einem Freund, der mich so zum Lachen brachte, dass ich weinte, der aber gleichzeitig dabei war, an AIDS zu sterben.

Ich habe mitten im Rotlichtviertel Amsterdams gewohnt, wo meine Nachbarschaft aus Prostituierten und Drogenabhängigen bestand. Doch ich lernte sie als Freunde zu lieben. Ich habe ein sibirisches Gefängnis besucht, wo die Männer irgendwo im Nichts und ohne Hoffnung hinter Schloss und Riegel sitzen. Ich habe einige Wochen in Griechenland verbracht, um mit den Leuten auf der Straße über die Beziehung zu reden, die sie mit Jesus haben konnten. Und, wo wir damit geehrt wurden, dass wir zu Ostern als offizielle Gäste eines Dorfes eingeladen wurden. Ich war in Clubs von Terrororganisationen, wo ich den Hass um mich herum spüren konnte. In Vietnam habe ich mit einer kahlköpfigen Nonne, die sich um die Straßenkinder kümmerte, Zeit verbracht. Sie wurde letztendlich eine meiner Heldinnen.

Wir waren Teil von tief greifenden Theaterinszenierungen, die im nationalen Fernsehen ausgestrahlt wurden und die wir vor Politikern aufführen durften. Ich war in den Bergen der Schweiz wandern, nachdem wir eine Vorstellung vor polnischen Kindern hatten, die sich inständig wünschten, Gott kennen zu lernen. Eine Vorführung, bei der ich meine Kostüme in einem dreckigen und nassen Badezimmer wechseln musste, während ich in einer Lache stand, von der ich hoffte, dass es Wasser war. Es war mir immer wieder möglich, nach Amerika heimzukehren. Dem Ort, den ich einst mit wenig Glauben und Hoffnung verließ und zu dem ich nun mit lauter Geschichten davon zurückkam, wie Gott mein Leben erneuerte und es mit unglaublicher Vielfalt füllte. Mein Leben ist bis jetzt schon so facettenreich und gefüllt, dass ich es kaum in Worte fassen kann. Gott hat bereits gute Arbeit geleistet, mir seine Liebe zu zeigen sodass ich keine Angst mehr habe, Gott meine Liebe und mein Leben zu geben.

Sprüche 3,5-6 besagt:

> Vertraue von ganzem Herzen auf den Herrn und verlass dich nicht auf deinen Verstand. Denke an ihn, was immer du tust, dann wird er dir den richtigen Weg zeigen. (NL)

Ich habe in all den Erlebnissen, durch die Gott mich geführt hat, entdeckt, dass er tatsächlich einen Plan für mein Leben hat, den er auch weiterhin Stück für Stück vor mir entfaltet. So beschreibt auch Psalm 23:

> Der Herr ist mein Hirte; darum leide ich keine Not. Er bringt mich auf saftige Weiden, lässt mich ruhen am frischen Wasser und gibt mir neue Kraft. Auf sicheren Wegen leitet er mich, dafür bürgt er mit seinem Namen. Und muss ich auch durchs finstere Tal - ich fürchte kein Unheil! Du, Herr, bist ja bei mir; du schützt mich und du führst mich, das macht mir Mut. Vor den Augen meiner Feinde deckst du mir deinen Tisch; festlich nimmst du mich bei dir auf und füllst mir den Becher randvoll. Deine Güte und Liebe umgeben mich an jedem neuen Tag; in deinem Haus darf ich nun bleiben mein Leben lang.

Er ist der gute Hirte. Er ist der gute Vater, der mir keine Information vorenthalten wird, die ich brauche, um ihm folgen zu können. Ich kann mich entspannen, weil er mir alles, was ich wissen muss, zu dem Zeitpunkt sagen wird, an dem ich es auch tatsächlich wissen muss.

Wenn ich in einer bestimmten Situation versuche, Gottes Willen dafür herauszufinden, stelle ich mir zuerst folgende Frage: „Bin ich wirklich bereit das zu tun, was Gott will, wie auch immer seine Antwort lauten wird?" Meine Antwort muss ein ganz klares Ja sein. Ein: „Ich gebe alles uneingeschränkt an dich ab, Herr. Du weißt am besten, wie ich mein Leben zu führen habe. Sag mir, was ich tun soll und ich werde es machen." Nicht ich trage die Verantwortung, sondern er. Wie es in Matthäus 16,24 steht, muss ich mich selbst verleugnen, mein Kreuz auf mich nehmen und ihm folgen. Ich kann nicht mit so etwas kommen wie: "Nun, die eine Sache geht klar, Gott, aber das da kann ich wirklich nicht machen." Oder: „Da möchte ich nicht hingehen und auch nicht mit diesen Leuten zusammenarbeiten. Ich möchte meine Sicherheit nicht aufgeben oder meine Familie und Verwandtschaft zurücklassen." Anstatt so etwas zu sagen, muss ich ein Leben führen, was völlig Gott hingegeben ist – Ich werde tun worum auch immer du mich bittest. Der Rest ist einfach; Er wird schon dafür sorgen, dass ich dahin gelange, wo er mich einsetzen will.

In Jakobus 1,5-6 steht:

> Wenn es aber unter euch welche gibt, die nicht wissen, was sie in einem bestimmten Fall tun müssen, sollen sie Gott um Weisheit bitten, und Gott wird sie ihnen geben. Denn er gibt sie allen gerne, ohne ihnen Vorwürfe zu machen. Sie müssen Gott aber in festem Vertrauen bitten und dürfen nicht zweifeln. Wer zweifelt, gleicht den Meereswogen, die vom Wind gepeitscht und hin und her getrieben werden.

Mit der Frage: „Was soll ich in diesem Bereich meines Lebens tun?", bitte ich Gott um seine Weisheit. Und dann gehe ich auch davon aus, dass er mir antwortet. Ich bitte ihn, mir seine Augen und Ohren zu geben, damit ich dazu fähig bin, das zu sehen und zu hören, was er mir in den nächsten Tagen oder Wochen zeigt und sagt. Wenn ich das getan habe, gehe ich einfach meinen Alltagsgeschäften nach und bitte Gott mich dabei zu leiten. Es passiert viel zu häufig, dass wir um Gottes Leitung bitten, uns dann allerdings dem Tag zuwenden, als hätten wir dieses Gebet niemals gesprochen. Somit verpassen wir, was er zu sagen hat, weil wir nicht wirklich davon ausgehen, dass Gott zu uns sprechen möchte. Wenn wir aber aufhören zu zweifeln, wird er auch anfangen zu uns sprechen.

Wenn ich das im Hinterkopf behalte, während ich durch meinen Tag gehe, verstehe ich auch immer mehr von dem, was Gott mir sagen will. Meiner Erfahrung nach liegt es Gott nämlich sehr am Herzen, dass ich seine Worte wahrnehme. So sehr, dass er mir seine Nachricht immer wieder auf verschiedenstem Wege zukommen lässt. Lese ich dann in der Bibel, begegnet mir genau dieses Thema; bete ich, vernehme ich die gleiche Botschaft; höre ich eine Predigt oder empfange Rat von Freunden, steckt auch wieder die gleiche Botschaft dahinter. Sie begegnet mir einfach so lange überall bis klar ist, was Gott von mir will. Er möchte zu mir sprechen, doch manchmal brauche ich etwas Zeit, bis ich ruhig genug bin, um seine Stimme wahrzunehmen. Meistens nehme ich seine Stimme dann am Besten wahr, wenn ich mit einer Sache beschäftigt bin, bei der man nicht wirklich nachdenken muss; Rasen mähen zum Beispiel. Ich habe mittlerweile gelernt mir Sachen, die mir einfallen, einfach sofort aufzuschreiben, egal wo ich gerade bin. Man kann so geschäftig werden – aber wenn ich mir die Zeit nehme, ihm zu zuhören, merke ich, dass die Sachen klarer und überschaubarer werden, wenn ich sie aufschreibe.

Auf der Suche nach Gottes Plan für mein Leben habe ich noch eine weitere Möglichkeit entdeckt. Einfach mal eine Pause einlegen und einen Schritt zurückmachen, um von außen einen Blick auf die Situation zu werfen. Was macht Gott bereits in meinem Leben? Welche Leute hat Gott mir an die Seite gestellt, damit ich mich um sie kümmern kann? Was für Gelegenheiten legt er mir vor die Füße? Meiner Erfahrung nach wird sein Plan normalerweise klar, wenn wir diesen Schritt tun und unser Leben aufmerksam betrachten. Ich unterhielt mich vor kurzem mit einem Mädchen, das keine Idee hatte, was Gott mit ihrem Leben anstellen wollte. Daher fragte ich sie, „Welche Leute hat Gott dir ans Herz gelegt?“ Sie war Musikerin und hatte schon immer das Gefühl, dass sie andere Musiker durch ihre Musik zum Glauben führen sollte. Doch ohne ein Team würde sie das nicht umsetzen können. Gleichzeitig fing sie an, mir über ein Café–Team zu berichten, welches ihr Pfarrer gründen wollte. Er wünschte sich, damit die Künstler und Musiker der Stadt zu erreichen. Das passierte genau vor ihren Augen – was für eine eindeutige Gelegenheit um sich mit einzubringen! Jetzt muss sie nur noch den Mut aufbringen, tatsächlich bei dem mitzumachen, was Gott ihr offensichtlich vor die

Füße gelegt hat. Und so stelle ich wieder und wieder fest: Alles, was ich machen muss, um den nächsten Schritt herauszufinden ist, mir einfach nur anzugucken, was Gott bereits in meinem Leben bewirkt. Weiß ich dann, was der nächste Schritt ist, muss ich bereit sein, meine eigene Sicherheit zu verlassen. Natürlich wäre es für mich einfacher gewesen in den USA zu bleiben, anstatt nach Amsterdam zu gehen. Sicherer und mit weniger Risiken verbunden wäre es auch gewesen. Ich hätte einfach in alter Gewohnheit weiterleben können. Doch wir müssen uns fragen „Worum bittet Gott mich?" anstatt „Ist das die bequemste Option für mich?" Ich musste einst bereit sein, mein behagliches Zuhause zu verlassen. Hätte ich das nicht gemacht, hätte ich wohl das Leben, was Gott für mich bereit hielt, dafür geopfert, um in meiner netten, gewohnten Umgebung bleiben zu können. Genauso ist es auch bequemer, sich nicht von gängigen Meinungen zu lösen, doch auch das wird uns manchmal abverlangt. Es bleibt einfach dabei, dass wir uns die Frage „Was möchte Gott, dass ich es tue?" stellen müssen und nicht „Was tun alle anderen Leute um mich herum?"

Wenn ich wirklich keinen blassen Schimmer davon habe, um welchen nächsten Schritt Gott mich bittet, dann liegt es an mir, mich den Aufgaben mit vollem Einsatz zu widmen, die sowieso zu dem Zeitpunkt vor meiner Nase liegen. Denn solange mich Gott nicht zu etwas Neuem auffordert, bedeutet das, dass ich mich weiterhin zuverlässig um meine aktuellen Aufgaben kümmere. Ich darf nicht in der Zukunft leben und dabei die Gegenwart verpassen! Es hilft, wenn ich ihn darum bitte, mein ganzes Leben zu durchdringen und zu beeinflussen. Und zwar alles, was ich tue, alles, was ich sage und jeden Schritt, den ich gehe. Den Fokus in jedem Moment auf Gott zu halten, ist Teil des außergewöhnlichen Lebens, nach dem ich mich seit jeher gesehnt habe. Mein tägliches Gebet ist: „Herr, solange du mir nicht einen weiteren Schritt zeigst, werde ich mich eben voller Elan auf jeden weiteren Tag einlassen, weil ich erwarte, dass du in jeder Kleinigkeit steckst, die ich tue. Schenke mir deinen Blick, so dass ich jeden Tag durch deine Augen betrachten kann und jede Chance nutze, die du vor meine Füße legst. Ich möchte in dem, was du mir jetzt gegeben hast, Zuverlässigkeit beweisen, bis du mir den nächsten Schritt zu erkennen gibst."

Unsere Band NLM organisierte mittlerweile jährlich ei. evangelistische Tournee. Als ich diesen Sommer betete, hatte ich das Gefühl, dass ich nicht auf die nächste Tour mitgehen sollte. Ich hatte gerade für zweieinhalb Monate eine Missionstrainingsschule geleitet und war ziemlich erschöpft. Trotzdem war es wirklich keine leichte Entscheidung. Ich bat also die Kleingruppe meiner Eltern, dafür zu beten, dass ich wüsste, ob ich gehen sollte oder nicht. Sie bestärkten den Eindruck, dass ich eine Pause brauchte, genauso wie es auch David tat. Er meinte, dass ich mir Zeit dafür nehmen sollte, um Gott nach seinem weiteren Weg für uns zu fragen, denn Steiger entwickelte sich stetig weiter und stand vor einem neuen Abschnitt. Dementsprechend hatte ich das Gefühl einen Gang runterschalten zu sollen, damit ich hinhören konnte, was Gott uns darüber zu sagen hatte, wie wir den Dienst in den nächsten Jahren leiten sollten. Es hat mich schon Überwindung gekostet, nicht mit David und dem Rest des Teams auf Tour zu gehen; sie kehrten nämlich nicht nur nach Polen und Deutschland zurück, sondern reisten auch zum ersten Mal in die Türkei. Als ich dann aber endgültig beschloss nicht mitzugehen, durfte ich erfahren, wie Gott mir einen unglaublichen Frieden über diese Entscheidung gab.

Es verging nicht einmal eine Woche, nachdem die Band abgereist war, da hatte Gott schon angefangen, ganz deutlich zu mir zu sprechen. Es war ein heißer Sommertag und ich ging raus um einen Spaziergang zu machen. Als ich an ein paar Bäumen vorbeikam, die in der Hitze einen wunderbaren Schattenplatz boten, fühlte ich, wie Gott sagte: „Ich möchte, dass du dir eine Auszeit nimmst, damit du wiederum anderen Leuten Schatten bieten kannst und sie in deiner Gegenwart Ruhe finden." Wenn man so etwas hört, neigt man dazu zu denken: „Das kann bestimmt nicht Gottes Stimme sein. Es ist sicherlich albern zu denken, dass Gott so etwas zu mir sagen würde!" Als ich daraufhin in der Bibel las, wie Gott zu Noah, Mose und den Propheten sprach, machte ich mir allerdings keine Gedanken mehr darüber, ob Gott wirklich durch so eine Situation zu mir sprechen wollte.

Während dieser Zeit brachte Gott mir noch einmal in Erinnerung, dass ich ohne Mut keine Leiterin sein konnte. Als Leiter muss ich bereit sein Stellung zu beziehen. Als Leiter werde ich außerdem Situationen begegnen, in denen ich unliebsame Entscheidungen fällen muss. Ich habe wirklich mit den Kosten, Leiter zu sein, gerungen. Es gab Momente, in denen ich bei gewissen Streitthemen neutral geblieben war. Als ich mir jetzt aber die Zeit nahm, mein Verhalten zu reflektieren, erkannte ich, dass Gott mich eben nicht dazu geschaffen hatte, eine stumme Zuschauerin zu sein, und ich daher anfangen sollte, Stellung zu beziehen. Gott weiß, dass ich nicht schweigsam und unbeteiligt am Rand stehen will, sondern mitten im Geschehen. Wenn Gott es will, werde ich daher auch in schweren Situationen Stellung beziehen, selbst wenn ich damit nicht bei allen Leuten auf Zustimmung stoßen werde.

Eines Tages merkte ich, wie Gott durch einen Dokumentarfilm im Fernsehen zu mir sprach. Es ging um einige Baseballspieler der obersten Liga, die während des zweiten Weltkrieges dem Militär beitraten. Ein Mann fiel mir dabei besonders auf. Seine Augen waren nicht gut genug, weshalb er nicht die benötigte Erlaubnis bekam, um mitkämpfen zu dürfen. Dieser Mann war allerdings fest entschlossen, sich davon nicht abhalten zu lassen. Er würde, was immer es kosten möge, für sein Land kämpfen – und das tat er dann auch. Ich dachte mir: „Diese Entschlossenheit ist, was ich brauche. Wenn Gott mir gesagt hat, was ich tun soll, darf ich mich auch durch nichts entmutigen oder behindern lassen."

Selbst während ich dieses Buch schreibe, habe ich ständig mit Gedanken zu kämpfen wie: „Ist es mir wirklich recht, solche persönlichen Sachen meines Lebens mitzuteilen? Und habe ich überhaupt etwas Wichtiges zu sagen?" Als ich gerade darüber nachdachte, nahm ich wahr, wie eine Frau im Radio davon erzählte, dass sie ein Buch über ihr Leben geschrieben habe. Sie hatte dabei mit den gleichen Gedanken zu kämpfen wie ich. Letztendlich kam sie zu dem Entschluss, dass es in ihrer Lebensgeschichte nicht nur um sie ging. Sie schrieb, um all die zu ermutigen, die ähnlichen Proben begegneten wie sie. Mir war klar: „Das ist die Antwort für mich!" Deshalb möchte ich dieses Buch schreiben. Ich hatte mir immer jemanden gewünscht, auf den ich mich verlassen und den ich um Rat bitten konnte. Es gab zwar kein Patentrezept für die Art, wie ich lebte, doch gab es einige

Grundsätze, die mir sicherlich weitergeholfen hätten, wenn ich sie im Vorhinein gekannt hätte. Doch ich musste alles auf die harte Tour lernen, indem ich meine Erfahrungen dadurch sammelte, dass ich selbst durch jede Situation ging. Jetzt hingegen wünschte sich Gott, dass ich versuchte, die Reise für andere etwas zu erleichtern.

Im Nachhinein erkenne ich, dass diese Zeit, in der ich nicht mit auf Tour war, wieder einmal dazu diente, die Kosten meiner Berufung abzuwägen. Mittlerweile sind meine Söhne älter, wodurch ich mehr Freiraum habe, mich in den verschiedensten Bereichen unseres Dienstes mit einzubringen. Obwohl ich unseren Auftrag geliebt habe, musste ich mir doch Zeit dafür nehmen, um über die Kosten nachzudenken, die daraus folgten, dass ich mich noch weiter in diesen ernsten Kampf hineinwagte. Gott hat mir mehr Verantwortung gegeben als jemals zuvor. Doch bin ich wirklich dazu bereit mein Leben anderen Leuten hinzugeben? Oder brauche ich eine Pause vom Kampf? Ich habe für mich festgestellt, dass ich lieber im Kampf stehe, als vom Rand aus zuzugucken. Allerdings nur, solange kein Zweifel daran besteht, dass ich an der richtigen Stelle stehe.

Und so hat Gott über die Jahre hinweg zu mir gesprochen. Wenn ich nach ihm Ausschau halte, weil ich erwarte, dass er sich in mein Leben mit einbringt, ist es nicht schwer zu verstehen, was er mir sagt. Sollte es wichtig sein, dass er äußerst deutlich zu mir spricht, dann tut er das genauso, wie er es damals an der Uni tat. Er wusste, dass ich zu dem Zeitpunkt seiner Hilfe bedurfte, damit ich ihn verstand und er wusste auch, dass ich ihm aus ganzem Herzen folgen wollte. Somit teilte er mir das mit Amsterdam auf eine Art und Weise mit, die ich niemals bestreiten oder bezweifeln könnte. In Sprüche 16,9 steht: „Das Herz des Menschen plant seinen Weg, aber der HERR lenkt seinen Schritt.“(ELB) Er nahm ein unentschlossenes Mädchen und machte es entschlossen. Er nahm sich eines Mädchens an, das sich verloren fühlte und ließ es deutlich erkennen, welchen Weg es zu gehen hatte. Wenn ich bete und auf Gottes Stimme höre, kann ich Ruhe und Vertrauen haben, so wie Philipper 4,6-7 es verspricht:

> Macht euch keine Sorgen, sondern wendet euch in jeder Lage an Gott und bringt eure Bitten vor ihn. Tut es mit Dank

für das, was er euch geschenkt hat. Dann wird der Frieden Gottes, der alles menschliche Begreifen weit übersteigt, euer Denken und Wollen im Guten bewahren, geborgen in der Gemeinschaft mit Jesus Christus.

Ich kann euch nur davon berichten, was Gott in meinem Leben getan hat. Meiner Erfahrung nach ist er ein unglaublich liebevoller Vater. Er passt auf mich auf und möchte nur mein Bestes. Er führt mich behutsam zu jedem weiteren Schritt, den ich gehen muss. Er enthält mir keine Informationen vor, wenn ich sie benötige. Dafür liebt er mich zu sehr.

Es muss mich niemand davon überzeugen, dass ich Gott brauche – das weiß ich selbst allzu gut. Ich weiß, dass ich auf seine Leitung angewiesen bin und habe mittlerweile verstanden, dass ich ihm hundertprozentig vertrauen kann. Wenn ich ohne ihn vorangehe und einfach tue, was ich für richtig halte, stecke ich in Schwierigkeiten. Sowohl Gott als auch ich wissen, dass ich im Grunde genommen nur ein kleines Mädchen bin, das von seinem himmlischen Vater abhängig ist. Ich verspüre nicht im Geringsten das Verlangen danach, ohne ihn zu leben. Ich habe nach jemandem gesucht, der liebevoll genug war, Interesse für mich zu haben und sich um mich zu kümmern. Gefunden habe ich das bei Gott. Er hielt hielt bereit, was ich die ganze Zeit suchte: Ein außergewöhnliches Leben.

November 2001

Liebe Freunde,

Ich war fünfzehn, als ich anfing Kleber zu schnüffeln und mit anderen Kindern auf der Strasse abzuhängen. Es dauerte nicht lange, bis ich eine Flasche Wodka pro Tag trank und viel zuviel LSD nahm. Ich beging Verbrechen, um meine Süchte zu finanzieren, wobei ich zum ersten Mal mit der Polizei zusammenstieß. Meine kriminellen Kumpels verdächtigen mich danach, der Zusammenarbeit mit den Behörden. Deshalb schickte mich die Polizei in eine andere Stadt. Dort wurde ich Teil der Club-Szene und der Schwerstabhängigen. Nach ein paar Jahren eines solchen Lebens endete ich im Rotlichtviertel von Melbourne in Australien. Dort erst begann ich dann Heroin zu nehmen.

In Australien wurde ich sehr krank und ging zurück nach Neuseeland. Andrew, ein junger Leiter unseres Kapiti Coast Teams, fand mich auf der Straße, während ich eine Flasche Wodka trank. Er zeigte mir, was echte Liebe und Freundschaft ist und nahm mich mit zur Kirche. In dieser Zeit betete ich zu Gott, dass er mich zu Christen führen würde, mit denen ich mehr gemeinsam hätte und die mich verstehen könnten. Andrew nahm mich zu einem Treffen mit, das bei David und Jodi Pierce zu Hause stattfand. Dorf erfuhr ich von einer Veranstaltung namens "Great Munter Gathering". Das war unglaublich toll für mich, weil es mir einen Ort gab, wo ich mich selbst ausdrücken konnte, Gott etwas zurückgeben konnte und in meinem Glauben praxisorientiert im Alltag arbeiten und wachsen konnte. Ich hoffe eines Tages in Steigers internationalem Team zu sein und beim Gemeindegründungsprojekt in Brasilien mitzuhelfen.

Blue

Dies ist eins der aufregendsten Dinge, die Gott an der Kapiti Coast in Neuseeland bewirkt. Jodi belastete es, alle die verlorenen jungen Leute in Neuseeland zu sehen. Viele von ihnen sind innerlich sehr kaputt und selbstmordgefährdet (Neuseeland hat die höchste Selbstmordrate unter Jugendlichen in der Welt!). Sie hatte das Gefühl, dass wir einen Veranstaltungsort bräuchten, wo christliche Jugendgruppen zusammenkommen könnten, um einander zu unterstützen und um ihre Freunde mitbringen zu können. Aus dieser Idee ging das „Grosse Munter Treffen" hervor. Fünf Kirchen vor Ort sind schon dabei und wir erwarten, dass sich noch viele anschließen werden. Schon jetzt berührt Jesus das Leben vieler verlorener Jugendlicher.

Hier sind ein paar Beispiele:

Fat Tony kam, nachdem ich auf einem „Grossen Munter Treffen" gepredigt hatte, nach vorne. Nach dem Treffen erzählte er von der dämonischen Bindung in seinem Leben und dass er alkohol- und marihuanasüchtig war. Blue verbrachte jeden Tag Zeit mit ihm und als Ergebnis hat Jesus Fat Tony von seinen Süchten befreit und er hat sein Leben an Jesus übergeben. Jetzt hilft er elektronische Musik für die Munter Treffen zu erstellen und geht jeden Sonntag mit Blue in eine lokale Kirche.

Ogden war selbstmordgefährdet und verbrachte die letzten Jahre damit, in Clubs zu tanzen und Drogen zu verkaufen. Eines Nachts beschloss er raus aufs Meer zu schwimmen und sich zu ertränken. Während er schwamm, bekam er von Gott eine Vision, in der die Treppenstufen des Himmels genau vor ihn herab in die See kamen. Diese Vision führte ihn dazu zum Munter Treffen zu kommen. Er hat sein Leben Jesus gegeben und ist seitdem im Glauben auch stark gewachsen. Jetzt geht er in eine Kirche vor Ort.

Für diese verlorene Generation,

David Pierce

März 2003

Liebe Freunde,

vor kurzem wurde bekannt gegeben, dass Neuseeland die höchste Suizid- und Jugendkriminalitätsrate in der Welt hat. Es ist ein Land, in dem der Drogenkonsum rasant steigt und die soziale Struktur ganzer Ortschaften zerstört.

Neuseeland ist ebenfalls ein Land, in dem ein Grossteil der Kirchen das Vertrauen in die lebensverändernde Kraft des Evangeliums verloren hat. Letzte Woche erzählte mir ein Jugendpastor, dass ich nicht erwarten könnte, dass junge Menschen den Weg zum Glauben finden! „Die Jugendlichen in diesem Land sind zu zynisch und zu bequem." und „Sie werden nie auf eine einfache Predigt, wie sie in anderen Ländern gehalten werden, reagieren."

Aber nichts hätte ferner der Wahrheit sein können!! In nahezu jedem Treffen, bei dem ich rede, sehe ich, wie junge Leute ihr Leben Jesus übergeben. Sogar in Kirchen, die seit Jahren nicht mehr miterlebt haben, wie sich ein Jugendlicher bekehrt hat, wirkt Gott kraftvoll. Also glaube nicht an die Lüge, man könne jungen Leuten nicht von Jesus erzählen.

Jeden ersten Sonntagabend im Monat haben wir an der Kapiti Coast das Event "Great Munter Gathering" abgehalten.

Dies ist eine missionarische, auf die Jugendlichen ausgerichtete Veranstaltung. In einer eher alternativen Atmosphäre benutzen wir Musik (meistens haben wir drei oder vier Bands), Kunst, verrückte Theaterstücke, Psycho-Zeichentrickfilme und Karikaturen, digitale Bilder, Breakdancing, DJs und viel Hype. Das Treffen ist in 16 Monaten von anfänglichen 50 Besuchern auf über 200 angewachsen.

Alle kommen, von Punks und Breakern über lokale Goths bis hin zu "normalen" Schülern und Studenten. Nahezu jede jugendliche Subkultur ist an diesem Treffen vertreten! Während eines jeden Treffens erzählen wir an einem Punkt des Abends eine intensive, herausfordernde Botschaft von der Liebe Jesu Christi.

Über die letzten Jahre haben wir hunderte von jungen Menschen zu unseren monatlichen missionarischen Treffen kommen sehen und fast jedes Mal erleben wir wie Menschen ihr Leben zum ersten Mal Jesus anvertrauen!!

Wir danken euch so sehr für eure Liebe und Unterstützung!

David und Jodi Pierce

13

Anhang

Briefe aus dem Archiv

Für die, die an noch mehr Beispielen und Erlebnissen aus einem außergewöhnlichen Leben interessiert sind, habe ich hier noch ein paar ältere Berichte aus unseren monatlichen Rundbriefen angefügt.

Reise nach Barnaul, Sibirien

11.-19. Feburar 1991

Es war wie immer: In der letzten Minute passiert irgendwas, das Jodi und mich abhalten will auf Reisen zu gehen. Diesmal wussten wir bis zur letzten Minute nicht, ob unsere Tickets für unseren Flug in die Sowjetunion rechtzeitig ankommen würden. Als wir dann endlich unsere Visa abholen wollten, wurden uns die Reisepässe gestohlen. Eigentlich war das typisch: Immer, wenn wir in diesen Erdteil reisen wollten, geschah etwas Besonderes. Irgendwie wartete ich schon darauf, dass uns so etwas passieren würde, denn bisher ist immer irgendwas Unvorhersehbares passiert. Aber, um die Story kurz zu machen: Wir haben unsere Reisepässe und unsere Visa in der letzten Minute bekommen.

Montag, den 11. Februar

Als wir in Moskau ankamen, war ich überrascht, wie wenig auf dem internationalen Flughafen los war. Wir erfuhren, daß der Reiseverkehr nach Moskau wegen Unruhen im Land und besonders in den Baltischen Republiken, fast zum Erliegen gekommen war. Also ganz im Gegensatz zu dem Chaos, das ich früher schon erlebt hatte, war es sehr, sehr ruhig. In unsern Koffern hatten wir tausende russische Traktate und andere Bücher, aber wir kamen leicht durch den Zoll. Nachdem wir den Zollbereich passiert hatten, kam ein russischer Mann auf uns zu und sagte: „Hey, ich kenn dich doch!" Es stellte sich heraus, dass er uns bei unserer letzten Reise in die Sowjetunion im Oktober geholfen hatte. Er hieß Misha und wir hatten damals mit ihm gebetet, als er sein Leben Jesus übergab. Begeistert erzählte er uns, dass er unseren Brief bekommen und sogar schon ein Hotelzimmer reserviert hatte. Wie das letzte Mal übernachteten wir in einem Hotelboot. Für ein Zimmer in der Größe eines Kleiderschrankes mussten wir 80 Dollar bezahlen.

Freitag, den 12. Februar

Am nächsten Morgen trafen wir Misha vor unserem Hotel. Er fuhr mit uns durch die gesamte Stadt zum Inlandsflughafen. Die Autobahn in Moskau ist echt geistesgestört, und wir knallten beinahe mit einem Lastwagen zusammen, der sich einfach durch die Straßen drängelte. Nachdem wir zwei Stunden wie verrückt gebetet hatten, kamen wir am Terminal an. Im Gegensatz zum Internationalen Flughafen war hier alles voll mit Leuten. Alle standen in langen Warteschlangen und sahen sehr müde aus. Während wir auf unseren Bus zum Terminal warteten, unterhielten wir uns mit einer Familie aus Kabul, Afghanistan. Wir gaben der Familie eine Bibel, und sie haben sich darüber sehr gefreut. Ich glaube, dass das die erste Bibel war, die die Leute je gesehen haben. Während wir nach Barnual flogen, unterhielt sich Jodi lange mit ihrem Sitznachbarn. Er sagte, es sei gut, dass die Menschen in der Sowjetunion gerade jetzt etwas von Gott erfahren und meinte, wir seien zur richtigen Zeit am richtigen Ort.

Erschöpft kamen wir in Barnaul an. Barnual ist eine Stadt mit knapp einer Million Einwohnern. Sie liegt im asiatischen Teil der Sowjetunion, nördlich der Mongolei. Noch vor einem Jahr konnte man als Ausländer nicht in die Mongolei einreisen. Wir trafen unsere Organisatoren Juda und Eugene am Flughafen. „Hey, wir konnten es kaum erwarten, dass ihr endlich ankommt!“ meinten sie. Sie gaben mir einen Zeitplan, der voll war mit Presseterminen, Treffen mit Schulen und Terminen beim Fernsehen. Als wir in unserem Hotel ankamen, waren wir richtig froh, dass es dort warm war. Man muss bedenken, dass es draußen -40 Grad hatte, da war ein warmes Zimmer nicht selbstverständlich... Zu unserer großen Enttäuschung stellten wir jedoch fest, dass es kein Wasser gab, weder in unserem Hotel noch in dem gesamten Stadtviertel.

Mittwoch, den 13. Februar

Wegen der Zeitumstellung und der Disco im Zimmer neben uns konnten wir leider nicht gut schlafen. Am nächsten Morgen machten wir uns so gut es ging frisch. Das war schon schwierig, so ohne Wasser und ohne Schlaf. Anschließend fuhren wir zu unserem ersten Treffen in einem sibirischen Gefängnis.

Das sibirische Gefängnis

Der Militärkommandant führte uns durch die Eiseskälte zu seinem Büro. Die sowjetischen Gefängnisse wurden vom Militär geleitet, und westliche Gefängnisse waren dagegen wie Schullandheime. Er ging mit uns durch den Innenhof zu einem Raum, in dem ich mit den Gefangenen sprechen konnte. Als wir den Raum betraten, standen die Gefangenen zum Appell. Nachdem der Kommandant den Gefangenen erlaubt hatte, sich zu setzen, erteilte er mir das Wort.

„Ich möchte euch von jemandem erzählen, der die Todesstrafe erleiden musste!“ sagte ich. Die Männer in ihrer Gefängniskleidung und mit ihren kahl rasierten Köpfen hörten mir gespannt zu. Ich sprach weiter: „Du wurdest hier ins Gefängnis gebracht, um für deine Verbrechen zu büßen. Wenn du was wirklich Schlimmes getan hast, droht dir sogar die Todesstrafe. In Amerika bringen sie dich auf dem elektrischen Stuhl um.“ Nun wurden sie wirklich neugierig. „Ich möchte euch von einem erzählen, der völlig unschuldig die Todesstrafe erleiden musste. Tatsache ist, dass er für die schlimmen Dinge, die wir getan haben, gestorben ist.“ Dann erzählte ich, wie Jesus für uns am Kreuz gestorben ist, ich erzählte, dass Gott uns unsere Schuld vergeben möchte und dass er sich eine Beziehung mit uns wünscht. „Wenn jemand von euch Jesus in sein Herz aufnehmen möchte und Gott kennen lernen möchte, dann will ich euch bitten, nach vorne zu kommen und dort mit mir niederzuknien.“ forderte ich die Gefangenen auf. Nachdem der Kommandant den Männern dies erlaubt hatte, standen etwa 10 Männer auf, kamen nach vorne, knieten sich nieder, und wir beteten gemeinsam.

Nach dem Gebet blieben noch manche von ihnen da und stellten uns Fragen. Jodi und ich schenkten jedem, der sein Leben Jesus übergeben hatte, eine Bibel. Den anderen Gefangenen teilten wir Traktate aus. Später tranken wir mit dem Militärkommandanten und anderen Militäroffizieren Tee. Nachdem wir dann noch Interviews mit einigen Reportern geführt hatten, fühlte ich mich völlig ausgepowert.

Donnerstag, den 14. Februar

Heute morgen klopfte die Leiterin des Instituts für Fremdsprachen an unsere Tür. Schon vorher hatten wir ein langes Gespräch mit ihr gehabt über Gott und über den Stolz des Menschen. Sie war eine sehr gebildete Frau, die mehrere Fremdsprachen fließend beherrschte und die bei der Bevölkerung einen sehr guten Ruf hatte. Ich erklärte ihr, dass sie ihren Stolz überwinden und sich vor Gott demütigen müsse; dann werde sie erleben, wie Gott in ihr Leben eingreife. Zu meiner Überraschung stimmte sie zu und fragte mich, ob wir an einem anderen Tag nochmals darüber reden könnten.

Daraufhin gingen wir in eine Grundschule. Dort sprachen wir mit rund 200 Schülern, beantworteten ihre Fragen und gaben ihnen Heftchen über Jesus. Ein kleines Mädchen fragte Jodi: „Wie kann ich mehr über Jesus erfahren?“ und ein 10-jähriger Junge fragte: „Wie kann ich ohne eine Bibel etwas lernen?“

Gleich anschließend fuhren wir zu einer anderen Schule. Diesmal war es eine High School. Am Tag davor war in der Tageszeitung ein Artikel über unseren Einsatz im Gefängnis veröffentlicht worden, in welchem sie von mir als „Rockpriester“ sprachen.Es war ein sehr positiver Artikel und die Schüler waren absolut begeistert, diesen „Rockpriester“ treffen zu dürfen. Vor unserer Reise hatten wir drei 20-minütige Videos mit Musik von meiner Band No Longer Music und einer Botschaft über Gott zusammengestellt. Wir zeigten das Video, beantworteten viele Fragen und hatten eine wunderbare Zeit. Jodi wurde die ganze Zeit von einer Gruppe junger Leute umzingelt. Sie wollten Autogramme von ihr und sie schrieb ihnen lange Widmungen.

Ein Fernsehteam kam zu uns in die Schule und wir gaben ein Interview über unsere neue CD „No sex before marriage.“ Ich erklärte ihnen den Titel der CD und sie fanden dies zum Brüllen komisch. Sie stellten uns viele Fragen über Gott und wollten wissen, wann wir wiederkämen.

Am Mittag unternahmen wir einen Ausritt mit einem Mann aus Kasachstan. Als wir zurück waren, unterhielten wir uns in einer Ferienhütte lange über Politik und über die Erfahrungen, die die Leute dort in den letzten 20 Jahren gemacht hatten.

Igor erzählte uns, wie sein Großvater erschossen wurde, weil er ein Priester war.

Freitag, den 15. Februar

Es war ein wärmerer Tag, mit nur minus 25 Grad, und wir sprachen in einer Art Junior College. Ich erklärte den Schülern, dass sie nicht durch Zufall entstanden seien, sondern dass sie von Gott geschaffen seien, einem Gott der sie liebt - und dass dieser Gott, der all die wunderschönen Berge erschaffen hat, nicht nur eine Macht oder Energie sei, sondern ein Vater, mit einem zerbrochenen Herzen, der ihnen Hoffnung und ein neues Leben schenken möchte. Eine Lehrerin erhob ihre Hand und bat mich, ob auch sie mir eine Frage stellen dürfe. „Es scheint so, als ob alles, was du erzählst aus der Tiefe deines Herzens kommt und dass du sehr gelitten haben musst, bevor du uns all dies heute erzählst.“ sagte sie. Ich sagte: „Ja, ich fühle etwas in meinem Herzen. Dieses Gefühl stammt jedoch nicht von mir, sondern Gott hat mir gezeigt, wie riesig seine Liebe für euch ist. Er liebt euch so sehr, dass sein Herz bricht, weil ihr ihn noch nicht kennt und weil er euch seine Liebe gar nicht zeigen kann." Als ich dies sagte, wurde ich von Gottes großer Liebe für diese Leute überwältigt, und ich begann zu weinen. Gottes Gegenwart war im gesamten Raum zu spüren. Viele Leute begannen ebenfalls zu weinen. Ich hätte in diesem Moment einen Altaraufruf machen können, spürte jedoch, dass Gott dies nicht wollte. Also hatte jeder im Raum die Möglichkeit, ganz individuell auf die Botschaft zu reagieren. Im Anschluss schenkten wir jedem ein Heft mit Erklärungen, wie man Jesus kennen lernen kann. Mit vielen hatten wir tiefe Gespräche, unter anderem auch mit dem Direktor der Schule. „Bitte kommt wieder!" riefen uns die Leute hinterher, als wir im Taxi davonfuhren.

Samstag, den 16. Februar

Jodi und ich fuhren zu einer Schule für hochbegabte Schüler im Alter von fünfzehn bis achtzehn Jahren, in der ich letztes Jahr schon gewesen war. Viele von ihnen hatten auf dem Rock Asia Festival ihr Leben Jesus übergeben und trafen sich seither, um gemeinsam in der Bibel zu lesen. Sie erzählten mir, dass sie ständig in der Bibel lesen und oft über Gott sprechen würden. Wir zeigten ihnen das Video. Die russische Übersetzung aus Holland war anscheinend totaler Blödsinn und alle haben sich kaputt gelacht. Daraufhin erklärten sich ein paar der Leute bereit, eine bessere Übersetzung für das Video zu machen, bevor das Ganze dann im Fernsehen gezeigt wurde.

Von dort aus reisten wir dann zur Fremdsprachenfakultät. Die meisten Studenten dort waren zwischen zwanzig und dreißig. Ich erklärte ihnen, wie leer Materialismus doch eigentlich sei. Viele von ihnen glaubten, dass der Schlüssel zum Glück Reichtum und jede Menge Geld sei. Also erzählte ich ihnen, wie verzweifelt und einsam die Leute in Holland oft sind, obwohl sie in einem reichen Land wohnen, und dass selbst die jungen Leute dort nicht zufrieden sind, weil die Antwort eben nicht im Geld liegt, sondern dass nur Jesus das Leben der Menschen verändern kann. Wir hatten eine fantastische Zeit. Der Leiter der Fakultät meinte, dass wir jederzeit wieder willkommen seien, und dass unsere Botschaft gut für die Jugendlichen gewesen sei.

An diesem Abend planten wir in Eugenes Wohnung eine Tour, die in Moskau anfangen und in der Mongolei enden sollte. Außerdem bat er mich, darüber nachzudenken, ob wir nicht dauerhaft ein Team nach Barnaul senden sollten.

Sonntag, den 17. Februar

Es war bitter kalt, ca. minus 40 Grad, und wir fuhren in die Berge zum Ski-Langlauf. Jodi gab alles, um nicht hinzufallen, während wir versuchten, mit Igor, unserem kasachischen Reiseführer, mitzuhalten. Die Schuhe waren mir zu klein und mir wären beinahe die Beine abgefroren.

Nach einer wie immer lebensbedrohlichen Taxifahrt kamen wir an der einzigen evangelikalen Gemeinde der Stadt an - einer Baptistengemeinde mit etwa 300 Mitgliedern. (So viel ich weiß, war dies die einzige Gemeinde außer der Russisch Orthodoxen Kirche in einer Stadt mit fast einer Million Einwohnern). Pastor Victor begrüßte uns und führte uns in einen Raum, in dem sich alle Ältesten versammelt hatten.

Ich konnte spüren, dass nicht jeder von meiner Ankunft begeistert war und war deshalb sehr überrascht, dass sie mir das Predigen erlaubten.

Der Gottesdienst fand in einer wunderschönen, aber kaum beheizten Kirche statt. In der Kirche waren fast nur alte Frauen, eingewickelt in ihre Schals. Aber auch einige Schüler saßen auf der Empore. Ich kannte sie von der Schule, die wir am Tag zuvor besucht hatten. Auf dem Podium saßen noch ein paar Männer. Der Hauptpastor saß auf einem Tisch. Während des Gottesdienstes schrieben die Leute dem Hauptpastor kleine Zettelchen mit ihren Fragen. Ich wartete auf meine Predigt und wurde immer nervöser. Wie sollte ich dieses Publikum nur richtig ansprechen? Besonders wenn sie bei unserer ersten Begegnung mir gegenüber schon kritisch waren. Man gab mir ein Zeichen, dass ich mit meiner Predigt beginnen solle. Zusammen mit meinem nichtgläubigen Übersetzer ging ich zum Rednerpult. Ich predigte über das „verlorene Schaf“ in Lukas 15. Gott macht sich auf, um den einen Verlorenen zu suchen. Dies ist ihm so wichtig, dass er die 99 anderen einfach zurücklässt. Als er das Schaf dann findet, geht er auf es zu und nimmt es in den Arm. Dabei erwartet er erst gar nicht, dass das Schaf auf ihn zugeht. „Seid ihr bereit, die verlorenen Menschen hier in Barnaul zu suchen? Wenn Gott zu eurem Herzen gesprochen hat, dann kommt nach vorne und kniet hier vorne mit mir nieder." Während ich mich niederkniete, kamen viele Menschen nach vorne. Zusammen weinten und beteten wir. Wir beteten alle laut und baten Gott um den Mut, ihm zu gehorchen. Es war eine wunderbare Gemeinschaft.

Die Bedenken, die diese Menschen gegen eine Zusammenarbeit mit uns gehabt hatten, waren verschwunden, und wir versprachen, einander zu helfen. Nach dem Gebet fragte mich der Pastor, ob ich nicht ein Lied singen würde. Ich dachte: „Das ist doch verrückt! Was soll ich denn bloß singen?" Doch da die Leute unbedingt darauf bestanden, stimmte ich zu. Also ging ich nach vorne und begann zu singen. Eine alte Frau versuchte meinen Gesang auf der Orgel zu begleiten. Es war schrecklich und Jodi sagte später, dass ich absolut daneben und falsch gesungen hätte. Ich beendete mein Lied, setzte mich hin und kam mir wie ein Idiot vor. Jodi war das Ganze peinlich. Am nächsten Tag erzählte mir Pastor Victor, wie sehr ihnen mein Lied gefallen hatte!

An diesem Abend gingen wir in Nataschas Wohnung. Sie und ihr Ehemann sind Direktoren einer Universität. Jodi und ich gaben ihnen eine Kassette mit der vorgelesenen Bibel. Für sie war dies das wertvollste Geschenk, das sie jemals bekommen hatten und sie hörten sich die Kassette immerzu an. In der Wohnung war es abartig kalt und wir mussten die ganze Zeit unsere Jacken anbehalten. Ein Meeting in einem Gefängnis in dem nahe gelegenen Dorf Birsk mussten wir wegen der großen Kälte absagen.

Montag, den 18. Februar

Den ganzen Tag diskutierten wir über unsere geplante Tour „von Moskau bis in die Mongolei". In der Sowjetunion werden insgesamt vier Leute vollzeitig an unserer Tour arbeiten. In jeder Stadt wird dann für unsere Tour in Radio und Fernsehen geworben und während der

Tour werden dann neue Aufnahmen gemacht. Vor unserer Ankunft wird es in jeder Stadt verschiedene Aktionen mit einem geistlichen Input geben. Unsere Band wird dann das Highlight sein. Danach werden wir dann in jeder Stadt einen Fanclub gründen. Dieser Fanclub soll aber vor allem eine Gruppe sein, in der die Leute mehr von Jesus erfahren können. Ich glaube, dass aus vielen dieser Gruppen später Gemeinden werden. In vielen dieser Städte, in die wir reisen werden, haben die Leute noch nie etwas von Jesus gehört.

Dienstag, den 19.Februar

Wir waren heute an einem technischen Institut. Wir hatten eine tolle Zeit und ich konnte mutig sprechen. Später traf ich mich an diesem Tag mit einem Direktor, der für die gesamten Jugendveranstaltungen der Stadt verantwortlich ist. „Komm bitte wieder und hilf uns!“ bat er mich. „Wir brauchen deinen Anstoß! Die jungen Leute in dieser Stadt haben keine Hoffnung.“ Weiter bestätigte er mir, dass er uns alle Räumlichkeiten zur Verfügung stellen und uns bei unseren Gesprächen mit den Jugendlichen freie Hand lassen würde. Er versprach sogar, uns bei unserer Tour in die Mongolei zu helfen!

Dass Gott uns diese Türe geöffnet hat, ist ein Wunder! Wenn wir diese Herausforderung annehmen, können wir sogar die ganze Stadt mit der Botschaft Gottes erreichen, und ich weiß, ich bin dazu bereit. Dass dies nicht ohne Kampf abgehen wird, ist mir durchaus bewusst.

Vielen Dank für eure Liebe und eure Unterstützung!!!

David und Jodi Pierce

16. Dezember 1991

Liebe Freunde

Jodi und ich wollen uns für eure großzügige Unterstützung der letzten Jahre bedanken. Nur weil ihr uns so aufopfernd unterstützt habt, konnten wir so viele wertvolle Menschen zu Jesus zu führen. Wir hatten dieses Jahr die Möglichkeit, durch ganz Europa, Russisch-Zentralasien und die Mongolei zu reisen. Tausende haben zu Jesus gefunden und es wurden fünf neue Kirchen gegründet. Durch eure Hilfe:

- knieten zwölf Männer aus einem sibirischen Gefängnis, die dort unter schwersten Bedingungen leben, mit mir nieder und vertrauten ihr Leben Jesus Christus an.

- hatten wir die Möglichkeit, in viele unzugängliche Städte zu gehen, wo junge Menschen, die auf der Suche waren, jetzt Jesus nachfolgen.

- konnten wir bei unserer Operation Impact Tour nach Sibirien, Usbekistan und die Mongolei so unglaublich viel erreichen.

- haben hunderte Jugendliche in Amsterdam geistliche Unterstützung gefunden und konnte in der Innenstadt eine neue Gemeinde gegründet werden.

Ohne euch würden diese niedergeschlagenen Menschen immer noch in Verzweiflung und Dunkelheit leben. Aber weil du gegeben hast war es uns möglich, ihnen zu sagen, dass Jesus sie liebt!!

Nochmals vielen Dank für eure Liebe und eure Unterstützung. Wir brauchen es.

David und Jodi Pierce

28. Oktober 1992

Liebe Freunde

Als ich die Bühne betrat, schrie und johlte die Menge. Links von mir rotteten sich ca. 50 Leute zu einem Haufen zusammen und warfen sich übereinander auf den Boden. Andere haben nur rumgebrüllt.

Ich dachte: „Na, das kann ja heiter werden." Dann begannen wir mit unserem Konzert. Wir sangen unser letztes Lied und spielten in einem kurzen Theaterstück die Kreuzigung und die Auferstehung Jesu nach. Danach wollte ich predigen. Das war jedoch recht schwierig, denn einige aus dem Publikum fluchten und schrien mich an. Der gesamte Raum war voller Staub, da wir während unseres Songs „Animal rights" ausgestopfte Tiere zerrissen und ins Publikum warfen. Da gerade eine Riesen-Kissenschlacht im Gange war, war es für mich schwer, nicht über den Bauchinhalt der Tiere zu stolpern, der überall auf der Bühne verteilt lag.

An diesem Abend hatte ich das Gefühl, als wären meine Worte leer und kraftlos, während ich den jungen Leuten erklärte, dass Jesus da ist und dass sie ihm ihr Leben geben können.

„Soll ich es den Leuten ermöglichen, in der Öffentlichkeit ihr Leben Jesus zu geben, oder lieber nicht?" dachte ich mir. Mit großen Zweifeln, ob auch nur einer darauf reagieren würde, sagte ich: „Wenn du Jesus in deinem Herzen brauchst, dann knie mit mir jetzt auf der Bühne nieder." Überraschenderweise war ein stürmischer Andrang und viele knieten mit mir nieder. Als wir hinter die Bühne gingen, war der Raum voller junger Menschen, die Jesus in ihr Herz aufnehmen wollten.

Wo war das? fragst du dich vielleicht. War ich in einer wilden Heavy Metal Bar in Amsterdam oder in einem Rock Club in Berlin?

Nein, ich war in der Wyzata High School in Minneapolis/Minnesota! Genauer gesagt spielten wir in drei High Schools und in einem Stadtpark in einer der härtesten Gegenden in Minneapolis. Ein Pastor erzählte mir, dass in der Nähe des Parks 60 Wohnungen sind zu denen Jugendliche gehen um Crack zu rauchen.

Während dieser Woche kamen ca. 250 Jugendliche und Familien zu Jesus Christus. Viele von ihnen wurden danach von den lokalen Gemeinden betreut.

Die Ernte ist groß! Nicht nur in der Mongolei und in Sibirien, sondern auch in Amerika!

Danke für eure Liebe und eure Unterstützung!

David und Jodi Pierce

15. Dezember 1992

Liebe Freunde,

die Band „The Bone Club" spielte am Abend vor uns in einem kleinen Club für Underground Bands mit dem Namen „Blumenwiese" in Stuttgart, Deutschland. Am nächsten Tag waren wir die erste christliche Band, die dort jemals gespielt hatte.

Das Poster unserer Band hing neben dem Poster einer Band namens „Unsane Surgery", und im Umkleideraum waren Totenschädel, Sprüche wie „wir fressen Fleisch und opfern unsere Kinder" und andere perverse Dinge an die Wand geschmiert. Der Club war ziemlich voll, als wir mit unserem Konzert begannen. Während unserem Anspiel trat Henry, unser Gitarrist, auf den Kopf von Mark, weil es auf der Bühne so eng war. Als ich aus dem Sarg stieg, um die Auferstehung Jesu darzustellen, krachte ein Aschenbecher aus Glas direkt neben meinem Kopf an die Wand und zerbrach in tausend Stücke.

Nach dem Konzert predigte ich und forderte die Leute auf, ihr Leben Jesus zu übergeben. Während ich sprach, schrien die Leute von hinten allerlei obszönes Zeugs. In dieser Nacht reagierte keiner auf meinen Aufruf (zumindest öffentlich). Etwas entmutigt ging ich dann um 3:00 Uhr nachts ins Bett. Unser nächstes Konzert war in Gießen. Eine intellektuelle Zeitung mochte unseren Song „No sex befor marriage", weil sie den ganzen Song für einen schlechten Witz hielten und eine andere Zeitung nannte mich einen „irren amerikanischen Prediger".

Eine Band mit dem Namen „Falling Melons" eröffnete das Konzert. Sie hatten eine Spraydose auf der Bühne, gefüllt mit Wein, für den Fall, dass sie Durst bekämen. Nach dem Konzert begann ich zu predigen und fragte, ob jemand Jesus kennen lernen möchte. Nach ein paar Sekunden kam der Sänger der Band „Falling Melons" auf die Bühne. Die gesamte Band, insgesamt 13 Leute, gaben an diesem Tag ihr Leben Jesus.

In Liebe, David und Jodi Pierce

Neuigkeiten vom Jesus Camp

24-29 Juni 1994

Gedanken über das Jesus Camp von Pastor Glodek, dem Pastor einer Baptistengemeinde in Elk, Polen

„Durch No Longer Music konnte Gott Türen öffnen, die für uns sehr schwer zu öffnen gewesen wären. Normalerweise bin ich nicht begeistert, wenn Fremde kommen. Aber diese Gruppe war absolut offen und ehrlich. Der Heilige Geist hat uns zusammengeführt und konnte durch uns als Gruppe wirken. Das ist nur ein Zeichen dafür, dass Gott hinter dieser Tour steht. Da sind noch das Jesus Camp und unser Plan, dieses Team im Herbst noch einmal kommen zu lassen. Ich als Pastor habe verstanden, dass dies die letzte Möglichkeit für die Gemeinde ist, diese verlorene Generation zu erreichen. Wenn wir uns nicht verändern, werden wir sie verlieren ..."

Ein 15-jähriges Mädchen:
„Als ich während des No Longer Music Konzerts das Anspiel sah, fühlte ich mich eigenartig. Ich begriff, dass wir wahre Liebe nicht verstehen können, da wir selbstsüchtig sind. Jesus hat seine Liebe und sein Leben hingegeben. Er war nicht selbstsüchtig. Als ich allein in meinem Zimmer lag, habe ich oft über Liebe nachgedacht. Ich habe versucht, Liebe zu erfahren, ich habe von Liebe geträumt... Hier auf dem Jesus Camp habe ich wirklich verstanden, was wahre Liebe eigentlich ist. Ich bin nicht auf dieses Camp gegangen, weil ich erwartet habe, dass Gott mich verändert. Aber es ist passiert..."

Sebastian, einer vom Jesus Camp:
„Während einem No Longer Music Konzert habe ich mein Leben Jesus gegeben, hab mich aber hierfür vor meinen Freunden geschämt. Aber hier auf dem Jesus Camp hat Gott mir den Mut gegeben, ihnen von Jesus zu erzählen."

Am dritten Abend erzählte ein Punk: „Als ich noch jünger war, habe ich mein Leben Jesus übergeben. Aber später waren Dinge, die Gott nicht gefallen, viel interessanter, und ich habe vieles getan, was Gott nicht gefällt. Ich war mir nicht sicher, ob mir Gott nochmals eine zweite Chance geben würde, aber jetzt weiß ich, dass ich einen Neustart mit Gott machen kann und dass ich wieder sein Kind sein darf! Gott macht alles neu!"

Das sind nur ein paar Beispiele von dem, was Gott während des Jesus Camps getan hat. Das Camp war für all diejenigen gedacht, die einen Neustart mit Gott wagen wollten. Ich habe euch ja hiervon schon im letzten Newsletter erzählt. Es kamen 140 Leute aus ganz Polen. Während des Camps hatten sie fünf Tage lang Gelegenheit, mehr über das Leben mit Jesus zu lernen und in kleinen Gruppen zu diskutieren. Am Abend konnte dann jeder kommen, der wollte, und es kamen jeden Abend zusätzlich hunderte von Menschen. Eines Abends kamen viele betrunkene und aggressive Leute. Wir hatten Angst, sie könnten unsere Versammlung stören und es könnte Ärger geben. Also beteten wir, dass die Leute verschwinden sollten. Von da an war während des gesamten Camps und den Konzerten Frieden.

Viele Jugendliche hatten Angst, dass sie im Alltag nicht genügend Unterstützung für ihr nagelneues Leben mit Jesus finden würden. Um ihnen die nötige Starthilfe zu geben, organisierten wir für sie Bibelgruppen in fünf verschiedenen Städten: In Warschau, Gizycko, Elk Giopow und Lubin.

Noch ein letztes Beispiel von dem, was Jesus während des Camps getan hat: Die Gruppe von Punkern, die einen Neustart mit Jesus wagte, bestürmte den Pastor von Elk, dass er sich wieder mit ihnen treffen solle!! Also hat Pastor Godek eine Gruppe gegründet, die sich in seiner Gemeinde trifft. Die Punks sind fest entschlossen, dort hinzugehen, denn sie wollen unbedingt mehr über Jesus erfahren!!

Danke für eure großzügige Unterstützung für die Tour in Polen und für das Jesus Camp. Gott hat uns mit so vielen großen Dingen überrascht und er hat so viel getan! Es ist uns eine Ehre dabei sein zu dürfen!

Für diese verlorene Generation,
David und Jodi Pierce

15. August 1995

Liebe Freunde,

als das Konzert begann, stand ich neben einem der fünfzehn Soldaten, die für die Sicherheit zuständig waren. Die Leute hatten von der ersten Band kaum Notiz genommen, und bei der nächsten Band war es auch nicht besser. Ich war also gespannt, wie die Leute auf uns reagieren würden.

Mir wurde erzählt, dass es in dieser Gegend Polens mehr Arbeitslose gibt als sonst irgendwo in Polen. Außerdem konnte man überall an Alkohol und Drogen rankommen. Die Band begann mit ihren ersten Liedern und die Leute mochten unsere Musik. Ich war so froh. Aber nur bis unser Anspiel begann...

Als die Leute merkten, dass es in dem Stück um Jesus ging, brach im wahrsten Sinne des Wortes „die Hölle los". Es kam mir vor, als hätte irgendetwas absolut Böses die Menge im Griff. Wenn ich jetzt darüber nachdenke, erinnert mich das Ganze an Apostelgeschichte 7,54–60 in der Bibel, wo es heißt: „Als Stephanus redete, hielt sich die Menge die Ohren zu und begann zu schreien, weil sie seine Worte und die Kraft des Heiligen Geistes nicht länger ertragen konnten."

Ich beobachtete das Ganze und sah, wie die Menge David und die Band mit Matsch, Essen und allem Möglichen bewarf. Ich befürchtete, die Leute könnten auch noch mit den Bierflaschen werfen, die überall herumlagen. Während die Menge johlte und allerlei perverse Dinge schrie, stürmte eine abartig wild aussehende Frau mit einem Baby auf dem Arm auf die Bühne. Die Frau riss David das Mikrophon aus der Hand und schrie irgendwas auf Polnisch. Die Frau war so außer sich, dass sie mir vorkam, als wäre sie von einem Dämon besessen. Vor allem jedoch hatte ich Angst um ihr Baby. Ein paar Leute versuchten, die Frau dazu zu bewegen, von der Bühne zu verschwinden, aber sie hatten keinen Erfolg. Sie schienen nicht recht zu wissen, ob sie die Frau von der Bühne wegtragen sollten. Ich dachte, ich könnte vielleicht versuchen, die Frau von der Bühne zu holen.

Ich ging zu ihr und versuchte, sie herunter zu lotsen, während sie mir mit nur 10 cm Abstand direkt ins Gesicht brüllte. Mir wurde flau in der Magengegend, und ich tat das Beste, was ich in dieser Situation tun konnte: Ich begann laut zu beten. Nur einen Augenblick unterbrach ich das Beten, um ihr zu sagen, sie solle mit ihrem Baby nicht so herumfuchteln, denn sie knallte den Kopf des Babys beinahe gegen die Wand. Unterdessen predigte David, und die Menge wurde immer hysterischer und gewalttätiger. David ging mit allen, die einen Neustart mit Jesus wagen wollten in einen ruhigeren Raum.

Ich wusste nicht was ich tun sollte. Sollte ich mit David mitgehen oder sollte ich bei unserm Team und unserer ganzen Ausrüstung bleiben? Wenn ich mir die Leute so anschaute war ich überzeugt, dass wir später keine Ausrüstung mehr haben würden. Da ein paar Leute von unserem Team bei unserer Ausrüstung blieben, ging ich in das Zimmer zu David.

Mann, war das ein Zirkus! Viele von den Leuten dort wollten aufrichtig mehr über Jesus erfahren. Andere jedoch waren nur dort, um weiter für Chaos zu sorgen. Ein Typ mit blonden Dreadlocks diskutierte laut mit David. David erklärte ihm, dass er später mit ihm reden würde aber er hörte nicht auf zu brüllen.

Ich stand im Hintergrund und dachte mir so: „Das wird noch Randale geben. Die lassen David doch eh nichts sagen." Ich hatte keine Ahnung wie das Ganze ausgehen würde. Aber dann, urplötzlich, verließen einige sehr laute und aggressive Leute den Raum und David konnte wie durch ein Wunder mit der Gruppe reden und beten. Ich dachte: „Wow, ich wurde gerade Zeuge von einem geistlichen Kampf, und es ist ganz klar, wer gewonnen hat!"

Nach der Tour fand unser 4-tägiges Jesus Camp statt. Dort haben wir dann sogar noch größere Wunder erlebt. Ich will euch nur ein Beispiel erzählen: Während einer Kleingruppen-Diskussion sprach Justine, eine Frau aus unserem Team, mit drei Männern. Die drei hatten alle mit Okkultismus zu tun gehabt und waren nicht sehr offen für Gott – außer Marek, der alleine zwar schon gebetet hatte, dies vor seinen Kumpels aber nicht konnte. Andrej meinte, er würde an gar nichts glauben, und der andere Mann, Tilo, war erst vor kurzem aus einer Satanskirche ausgetreten.

Justine redete sehr lange mit ihnen, aber sie waren gar nicht offen für Gott. Nach unserem ersten Konzert kam Marek nach vorne um zu beten. Am Ende des zweiten Tages im Camp konnte man sehen, dass Gott etwas in seinem Leben getan hat. Er war weicher geworden. Er sagte, dass er sich glücklich, befreit und wieder wie ein Kind fühlen würde. Marek liebte die Atmosphäre auf dem Camp.

Andrej fing an, in seiner Bibel zu lesen, und Tilo kam in der dritten Nacht nach vorne, um sein Leben Jesus zu geben. Obwohl wir mit Tilo gebetet hatten, hatte er immer noch seine Zweifel und war nicht frei. Während des Lagerfeuers wollte er alleine sein und ging in eine Bar. Es war deutlich zu sehen, dass Gott etwas in seinem Herzen verändert hatte. Schon nach kurzer Zeit verließ er die Bar wieder und kam zurück. Schließlich siegte die Kraft Gottes und alle drei wagten einen Neustart mit Jesus!

Ich könnte euch seitenweise Geschichten über diese Leute erzählen. Während des Konzerts und während der tollen Atmosphäre beim Jesus Camp entschieden sich so viele Menschen, von nun an mit Gott zu leben.

Die hysterische Frau mit dem Baby macht so deutlich, warum wir diesen Leuten von Jesus erzählen müssen. Sie ist keine komische, ausgefallene Irre. Sie ist nur ein Mädchen, das in einer Welt voll Arbeitslosigkeit, Drogen und Alkohol und ohne jede Hoffnung auf ein besseres Leben aufgewachsen ist. Das Schlimme jedoch ist der Einfluss ihres Lebensstils auf ihr kleines Baby.

Vielen Dank für eure finanzielle Unterstützung und für eure Gebete! Nur mit eurer Hilfe konnten wir auf diese Tournee durch Polen gehen und den jungen Menschen dort sagen, wie sehr Gott sie liebt. Während der gesamten Tour übergaben 800 Leute ihr Leben Jesus und 200 kamen zu unserem Jesus Camp. In den Städten Warschau, Katowitz, Elk und Breslau wurden neue Bibelgruppen gegründet, die von polnischen Christen geleitet werden. In diesen Gruppen treffen sich die Leute einmal pro Woche, um gemeinsam die Bibel zu studieren und gemeinsam Glauben zu leben.

Für die Verlorenen,

Jodi Pierce

16. August 1996

Liebe Freunde,

David, Aaron und ich sind gerade in Warschau, Polen um dort im Radio, in der Zeitung und im Fernsehen Interviews zu geben und die Leute zu unseren Konzerten am Wochenende einzuladen. Ben und der Rest unseres Teams sind in Breslau, um sich dort auf unsere evangelistischen Konzerte vorzubereiten.

Davor haben wir in Deutschland 6 evangelistische Konzerte in einigen der wichtigsten Clubs in Deutschland gespielt und viele Leute haben ihr Leben Jesus gegeben. Nach unserem Konzert in Kassel fand dort ein „dark wave" Konzert statt. Leute, die zu solchen Konzerten gehen, sind meistens schwarz gekleidet und hören die typische Gothic-Musik. In Deutschland ist diese Art von Musik absolut im Trend. Wir spielten mit einer nichtchristlichen Band im hardcore-punk-Style mit dem Namen „Shatterd Trust". Unser Veranstalter meinte, dass die Gothic Leute echt nach Antworten suchen würden.

Kurz vor dem Konzert fühlten sich ein paar Mädchen aus unserem Team richtig krank. Nachdem wir für sie gebetet hatten, fühlten sie sich sofort besser. Ein anderes Mädchen fühlte sich in dem Club, als würde sie ersticken. Sie betete die ganze Nacht lang. In beiden Situationen war meine erste Reaktion: „Nun, wir müssen ständig beten, aber dieser Ort ist auch nicht gefährlicher als andere Orte." Meiner Meinung nach wollte der Teufel uns nur einschüchtern. Nach dem Konzert kamen zwei Leute auf mich zu und beschwerten sich darüber, dass ich während meines Auftritts in unserem Theaterstück ein paar Dinge falsch gemacht hätte. Normalerweise macht mir so etwas nichts aus. Aber an diesem Abend überlegte ich mir, ob ich das ganze Theaterspielen vielleicht hinschmeißen sollte.

Es war einfach unglaublich, wie der Teufel versuchte meine Gedanken mit Zweifeln zu überschwemmen. Ich wusste, dass es am Besten ist, wenn man diese Gedanken einfach ignoriert. Da es jedoch nicht besser wurde, war mir klar, dass Gott in dieser Nacht noch etwas Besonderes tun wollte. Satan wollte mich ablenken. Er wollte verhindern, dass ich mich auf das konzentrierte, was Gott von mir wollte. Ich betete und übergab diese ganzen Gedanken an Gott, machte weiter und sah, wie die Kraft Gottes diese Gedanken durchbrach.

Doris war eine tätowierte Punk-Frau. Sie saß mit einem anderen Punk ganz nah an der Bühne. Sie fiel mir auf, weil der Punk neben ihr während unseres Theaterstücks zu schreien begann. Nach dem Konzert fragte ich Doris, wie es ihr ginge, und wir redeten sehr lange. Ich war etwas enttäuscht, weil wir nicht über Gott sprachen, und so fragte ich sie am Ende, ob ich für sie beten dürfe. Nach dem Gebet bemerkte ich, dass ihr Gesicht weicher wurde. Sie gestand mir, dass ihr Leben das reinste Chaos sei und dass sie Hilfe bräuchte. Wir saßen dann doch noch lange beieinander. Ich gab ihr eine Bibel und wir tauschten unsere Adressen aus, sodass ich weiter mit ihr in Kontakt bleiben konnte. Obwohl ihr Leben völlig anders ist als meins, konnte ich mit ihr wie mit einer Schwester sprechen.

Vielen Dank für eure Liebe und eure Unterstützung

Jodi Pierce

Special über Brasilien

März 2002

Letztes Jahr spielten wir in der Bloody Coven Bar. Die Bar wird von zwei jungen Frauen geleitet, die zum Gothic-Vampir-Kult gehören. Lou ist der Chefvampir. Sie trägt Kontaktlinsen, die ihren Augen ein vampirhaftes Aussehen verleihen, und sie hat Vampirzähne, die extra für sie gemacht wurden. Norma sieht wie eine „normale" Hexe aus. Beide praktizieren Voodoo und Hexerei.

Nachts um 4.30 Uhr konnten wir mit ihnen reden. Lou sagte mir, dass es bestimmt kein Zufall sei, dass wir in ihrem Club waren. Sie hätte als Kind schlechte Erfahrungen mit Religion gemacht. Ihre Eltern seien damals Zeugen Jehovas geworden und sie hasste Gott seitdem.

Sie fragte mich, ob ich jemals den Film „Im Auftrag des Teufels" gesehen hätte. Sie fühle sich genau so, wie es in diesem Film gezeigt wurde. Der Teufel würde sie wie eine Marionette benutzen und über sie lachen. Sie sagte, sie wolle die Sache mit Jesus nochmals neu überdenken.

All das hab ich euch letztes Jahr über Lou geschrieben. Lou gab mir ihre E-Mail Adresse, da sie mir noch mehr Fragen stellen wollte. Seither waren Jodi und ich mit ihr in Kontakt.

Wir gaben ihr eine Bibel und das Buch „Abba Child" von Brennan Manning. Sie steht nun kurz davor, ihr Leben Jesus zu geben. Sie versprach uns, auf unser Jesus Camp im Mai zu kommen. Außerdem bat sie uns, nochmals in ihrem Club zu spielen. All das geschah, nachdem wir in dem Club sehr deutlich die Kreuzigung und die Auferstehung Jesu dargestellt hatten.

In diesen Kreisen wurde das Wort Gottes noch niemals verkündet – Hardcore Gothic Clubs, in denen die Jugendlichen zum Satanismus, dem Okkulten und zu Vampirzirkeln verführt werden. Diese jungen Leute sind gefangen in all den Lügen, und Jesus weint über sie. Sie sind ganz und gar gegen das Christentum und doch sahen wir, wie die Kraft Gottes das Leben dieser Menschen berührte und wie die Kraft Satans total unterlegen war.

Danke für eure Gebete um Schutz und danke für eure Unterstützung.

Für diese verlorenen Generation,

David und Jodi Pierce.

April 2005

Liebe Freunde,

„Ich lebte mit Drogendealern zusammen in einer 1-Zimmer-Wohnung. Da meine Freundin mich verlassen hatte, war ich zutiefst verletzt und begann, selbst auch Drogen zu nehmen. Für mein Studium war das nicht so gut. An der Uni war ich die meiste Zeit high. Mein Zimmer wurde zum Hauptumschlagplatz der Drogenszene an der Uni, und zu den Vorlesungen ging ich am Ende gar nicht mehr.

Eines Tages war ich total verzweifelt. Ich betete zu Gott und flehte ihn um Hilfe an. Kurze Zeit danach lernte ich ein Mädchen kennen. Das Mädchen nahm mich zu einer Veranstaltung mit, in der du gepredigt hast. Als ich dich so reden hörte, wusste ich, dass Gott direkt zu mir sprach, und ich gab mein Leben Jesus.

Ich bin jetzt frei von der Drogensucht und mit einer wunderbaren christlichen Frau verheiratet. Ich bin der glücklichste Mensch auf der ganzen Welt! Wir studieren beide Theater in Warschau. Wir sind begeistert, dass wir dadurch so viele Leute für Jesus gewinnen können, die dieselben Probleme haben, wie ich sie hatte. Ich möchte mich nochmals bei dir bedanken und möchte dir sagen, was Gott seither in meinem Leben getan hat.

Sebastian (Name geändert)

Das ist nur ein Auszug aus einem Brief, den ich heute von diesem Studenten bekommen habe. Die Kraft Gottes in einer unserer Veranstaltungen hat sein Leben total verändert. Ich bekomme ständig Briefe wie diesen. Es zeigt mir immer wieder, wie wichtig es ist, diesen jungen Leuten die Wahrheit über Gottes Liebe zu erzählen. Es geht hier nämlich wirklich um Leben und Tod.

Vor kurzem war ich in Sydney, wo ich zwei High Schools besuchte. In jeder Schule habe ich die Jugendlichen aufgefordert, vor allen ihren Freunden nach vorne zu kommen und öffentlich zu bekennen, dass sie Jesus in ihr Leben aufnehmen möchten. Mehr als 200 Leute folgten meinem Aufruf. Eine Lehrerin sagte, dass sie so was noch nie gesehen hätte und sie unterrichte schon seit 13 Jahren an dieser Schule. Manche weinten öffentlich, als sie Jesus baten, ihr Leben neu zu machen. Während meiner Zeit in Sydney sprach ich auch noch in zwei Kirchen. Ich hatte das Gefühl, dass ich über die Liebe Gottes zu all den Verlorenen sprechen sollte. Nach meiner Rede bat ich alle, sich wieder Gottes erbarmendes Herz für diese verlorene Welt ins Gedächtnis zu rufen. Es war absolut kraftvoll! Viele kamen nach vorne und gemeinsam fielen wir vor Gott nieder und schrien zu ihm von ganzem Herzen.

Es war eine tolle, aber auch anstrengende Zeit. Diese Reisen sind sehr aufwühlend für mich. Manchmal kam ich mir vor, als würde ich den Leuten mein ganzes Herz zeigen und es öffentlich vor ihnen auf den Boden legen. Bitte betet für mich, dass ich von Gott Kraft bekomme.

Die Steiger-Schule für Evangelisation und Mission ist sehr gut. Jodi leitet die Schule, und es ist für sie sehr ermutigend, wenn sie sieht, was Jesus im Leben der Schüler tut. Bitte betet darum, dass Gott weiterhin in den Herzen dieser jungen Evangelisten wirkt, sie bereit macht, für ihn zu kämpfen.

Für die Verlorenen,

David und Jodi Pierce.

Kakerlake (mein polnischer Übersetzer) war absolut begeistert. „Da ist so ein „Dark Wave Festival“ in Polen. Dort sind 4000 verrückte, betrunkene und vom Teufel besessene Leute! Diese Leute dort müssen einfach etwas über Gott hören!“ sagte er und fuhr fort: „Du musst mit deiner Band dort hingehen.“

Ich tat so, als wäre ich interessiert, aber innerlich ging es mir ganz anders. „Das ist wirklich der letzte Ort, an den ich möchte.“ dachte ich. Später ging ich spazieren, um über der ganzen Sache zu beten. „Warum muss immer ich an solche Orte gehen?“ betete ich. „Kann nicht jemand anderes dort hingehen, um etwas zu verändern?“ Ich beschwerte mich bei Gott: „Jesus, ich möchte wirklich nicht auf dieses Festival gehen.“ Ich erklärte Kakerlake, dass ich darüber beten würde. Während ich betete, hatte ich das Gefühl, als würde Gott es okay finden, dass ich nicht gehen wollte. Ich hatte das Gefühl, dass Jesus mir keinen Druck machen wollte, immer an all die verrückten zu Orte gehen, und dass er mich einfach nur liebt. Es war ein Gefühl, als würde Jesus mir sagen: „Geh nicht David, das ist in Ordnung.“ Nach einer Weile dachte ich nochmals gründlich darüber nach. Ich begann, Gottes zerbrochenes Herz für all die Leute zu fühlen. Also betete ich nochmals mit Tränen in den Augen: „Jesus, wenn du niemand anderes findet, der für dich dort hin geht, dann gehe ich. Du musst nur mit mir gehen und mir die nötige Kraft dafür geben.“ Marzena, eine unserer Leiter, versucht, die Genehmigung für einen Auftritt auf diesem „Dark Wave Festival“ zu bekommen. Im Juni und Juli sind wir mit No Longer Music auf Europatour.

Gottes Liebe brennt für alle Verlorenen. Deshalb müssen wir einfach gehen.

Während der Tour bringen wir die Botschaft vom Kreuz in viele Clubs und auch zu Open Air Stadtfesten.

Normalerweise finden während einer solchen Tour hunderte Leute zu Jesus. Bitte betet für uns um Gottes Bewahrung während der nächsten evangelistischen Europatour. Die ganze Tour wird auf jeden

Fall ein Kampf werden. Bitte betet für Michael und Marzena, die für diese Tour verantwortlich sind.

Die Steiger-Schule für Evangelisation und Mission war großartig. Ein Mädchen, so Anfang zwanzig, kam eines Tages ganz zufällig an der Schule vorbei. Sie war so bewegt von dem, was sie gehört hatte, dass sie bat, mit Jodi alleine reden zu können. Nach dem Gespräch hat sie ihr Leben Jesus übergeben.

An einem Samstag gingen die Leute der Schule nach Wellington in die Cuba Street um mit den Passanten dort über Gott zu sprechen. Sie hatten eine großartige Zeit, sie konnten Kämpfe verhindern, mit Menschen beten, und sie verkündeten allen Menschen auf der Straße die Liebe Gottes.

Seit einiger Zeit habe ich das Gefühl, dass Gott uns nächstes Jahr auf eine evangelistische Tournee in die Türkei schicken möchte. Ich glaube, dass dies der Anfang einer ganz neuen Chance für uns wird, Gottes frohe Botschaft auch in islamischen Ländern zu verkünden. Zusammen mit einem Veranstalter, der im Mittleren Osten und in Nordafrika arbeitet, planen wir im Moment die weiteren Details. Dieser Veranstalter ist bereit, die Tour in der Türkei für uns mitzuplanen. Bitte betet, dass Gott uns hierfür die nötige Weisheit schenkt.

Vielen Dank für eure finanzielle Unterstützung und für eure Gebete. Nur durch euch konnten so viele verlorene Menschen in der ganzen Welt erfahren, dass Gott sie liebt.

Für die Verlorenen,

David und Jodi Pierce

Februar 2006

Liebe Freunde,

Jodi und ich sind überwältigt von dem, was Jesus während der letzten Jahre in unserer Mission, der Steiger international, getan hat.

So gaben wir zum Beispiel während unserer letzten Tour ein evangelistisches Konzert auf einem „Dark Wave Festival" mit mehr als zweitausend Leuten. Die Bands, die dort spielten, waren bekennende Satanisten. Viele praktizierten Voodoo, perverse Sexspiele oder waren Vampire. Das Logo des Festivals war ein Dornenkreuz und Feuerflammen. Auf dem Festival verkauften sie Bücher über Satanismus, und es passierte dort ziemlich krankes Zeug.

Wir spielten nach einer Band aus Frankreich, die schon mit der Band „The Sister of Mercy" auf Tournee gewesen war. Als sie mit ihrem Konzert beginnen sollten, waren sie so besoffen, dass sie kaum stehen konnten. Während diese Band spielte, zogen wir uns mit einigen Leuten einer Ortsgemeinde in einen kleinen Raum hinter der Bühne zurück. Gemeinsam schrien wir zu Jesus. Wir baten ihn, die Macht des Satans gänzlich zu brechen und die Kraft Jesu vor den Leuten sichtbar werden zu lassen. Und genau so war es dann auch. Um 1:15 Uhr in der Nacht begann unser Konzert. Während wir spielten, gab es keinerlei Geschrei, kein dummes Gelächter und kein Herumfluchen. Die Leute waren sehr respektvoll und applaudierten, als wir während unseres Konzerts zeigten, wie Jesus von den Toten auferstanden ist.

Das ist ein unglaubliches Wunder!

Vor dem Konzert hab ich den Veranstalter gefragt, ob er uns einen Raum zur Verfügung stellen könnte, in dem wir die Möglichkeit hätten, nach dem Konzert mit den Leuten zu reden. Da die Band vor uns keine Autogramme geben wollte, konnten wir den Videoraum gleich neben der Bühne benützen. Ich lud diejenigen, die mehr über Jesus erfahren wollten, in diesen Raum ein. Der Raum war überfüllt. Unser Team verbrachte nach dem Konzert hier eine volle Stunde, um mit den Leuten zu reden und zu beten.

Jodi und ich konnten beide, trotz all der perversen Dinge, überall Gottes Gegenwart ganz klar fühlen. Viele Leute weinten, während wir mit ihnen beteten und viele fanden in dieser Nacht Jesus. Da wir auch jetzt noch in diesen Clubs arbeiten, lasse ich die Namen der Bands und der Veranstaltungsorte weg.

Jesus sagt, dass es eine große Ernte gibt, und wir sehen es mit unseren eigenen Augen. Deshalb sind wir glücklich über eine neue Generation junger Evangelisten und Gemeindegründer, die das Evangelium an vielen noch unerreichten Orten der Welt verkünden kann. Einundvierzig junge Leiter aus Brasilien, England, den USA, Finnland, Polen, Deutschland, Neuseeland und aus Australien nehmen an unserer dritten „Schule für Mission and Evangelisation" von Steiger an der Kapiti Coast in Neuseeland teil.

Bitte betet, dass Gott während der zweieinhalb Monate, in denen wir gemeinsam Zeit mit Jesus verbringen, große Dinge im Leben dieser jungen Leute tut. Unser Ziel ist es, junge, mutige Gemeindegründer und Evangelisten in die ganze Welt zu senden.

Vielen Dank für eure jahrelange treuen Gebete und eure finanzielle Unterstützung. Nur durch euch ist es möglich, so vielen jungen Menschen auf der ganzen Welt zu sagen, dass Jesus sie liebt.

Für die Verlorenen,

David und Jodi Pierce.

Mai 2006

Liebe Freunde,

Seit einiger Zeit liegt es mir am Herzen, die Leute der Schwulen- und Lesbenszene zu erreichen. In Neuseeland sehen die homosexuellen Menschen die Christen leider als ihre Feinde, denn sie haben oft nur deren Hass zu spüren bekommen. Das macht mich wirklich traurig. Jesus war ein Freund der Sünder und zeigte ihnen immer seine Liebe.

In der „Schule für Evangelisation und Mission" ist jeder Samstag evangelistischen Einsätzen in der Region gewidmet. Als wir hörten, dass in Wellington eine Schwulen- und Lesben-Messe stattfinden würde, stellten wir uns dort bei einer Frau namens Kate vor, die die gesamte Messe leitete. Wir erklärten, wir seien eine Gruppe Christen und wollten den Menschen dort so gut wie möglich dienen. Kate entgegnete, dass sie noch nach Leuten suchen würde, um den Müll aufzusammeln und die Toiletten zu reinigen. Wir stimmten zu und ich fragte sie, ob wir auch Wasser an die Leute dort verteilen dürften. Sie meinte, dass wir hierfür jedoch unseren eigenen Stand mitbringen müssten. Über das Internet bewarb ich mich um einen Stand auf der Messe. Ich gab unserem Stand den Namen „Jesus Stand" und erklärte in meiner Bewerbung ganz klar, wer wir waren und warum wir auf die Messe wollten. Der Veranstalter reagierte nicht auf meine Bewerbung, und so war ich mir nicht sicher, was wir nun tun sollten.

Ich beschloss, trotzdem auf die Messe zu fahren im Vertrauen darauf, dass Jesus uns Türen öffnen würde. Früh am nächsten Morgen fuhr eine kleine Gruppe von uns auf die Messe. Nur ein paar Leute waren da, und der Organisator war noch gar nicht dort. Ich entschied, mit dem Aufbauen des Standes zu beginnen, auch wenn wir von Rechts wegen gar nicht an der Messe teilnehmen durften.

Während unsere Leute den Stand aufbauten, traf der Veranstalter ein, und ich ging auf ihn zu, um mit ihm über die ganze Sache zu reden. Er war sehr zögerlich, als ich ihm erklärte, wer ich war. Catherine, die für die ganze Sache verantwortlich war, sagte ärgerlich: „Ihr seid die christliche Gruppe, nicht wahr? Wir haben beschlossen, dass ihr hier nichts zu suchen habt. Warum seid ihr trotzdem hier?"

Ich erklärte ihr, dass wir nur Wasser an die Leute verteilen wollten, und dass wir am Ende des Tages den Müll aufsammeln würden. Catherine dachte darüber nach und erlaubte uns, dazubleiben. Sie werde uns aber sofort rausschmeißen, sobald es das kleinste Problem gäbe, sagte sie. Ich bedankte mich und ging zu den anderen, um ihnen diese guten Nachricht zu bringen. Da wir so früh am Morgen ankamen, konnten wir unseren Stand direkt neben die Bühne stellen. Auf dieser Bühne würden im Laufe des Tages verschiedene Schwulen- und Lesben-Bands spielen.

Unser Stand war ein kleiner Tisch, auf dem wir mit Wasser gefüllte Plastikbecher anboten. Auf jeden Becher schrieben wir die Worte: „Jeder, der von meinem Wasser trinkt, wird nie wieder durstig" – Jesus. Der Herr schenkte uns den heißesten Tag seit Beginn unserer Schule. Die Leute unserer Gruppe schrieben ununterbrochen den Bibelvers auf die Becher und gaben sie den Leuten. Einige liefen mit einem Tablett durch die Menge und teilten das Wasser aus, andere blieben beim Stand.

Die Leute nannten uns die „Jesus Boys" und waren froh über das Wasser. Am Ende des Tages hatten wir über 1200 Becher mit Wasser verteilt. Das Ganze war so einfach, aber es hat wunderbar funktioniert. Wir hatten viele gute Gespräche mit den Leuten. Wir wurden sogar zu einer Fernsehsendung für Schwule eingeladen und man machte Fotos von uns für ein Schwulenmagazin.

Eine Frau meinte, dass unser Stand das Beste auf der gesamten Messe gewesen sei. Am Ende des Tages sammelten wir den Müll ein und säuberten die Toiletten. Der Organisator war zufrieden und dankbar. Catherine meinte, dass wir sie sehr „gesegnet" hätten und dass sie froh sei, dass wir da waren. Viele lesbische und schwule Menschen haben sich geöffnet und zum ersten Mal über Jesus nachgedacht.

Aaron Pierce

Das ist ein Beispiel von all den erstaunlichen Dingen, die Gott während unserer wöchentlichen Einsätze der Schule getan hat. Jodi und ich sind von den jungen Evangelisten und Gemeindegründern auf unserer Schule total begeistert. Danke für eure Geschenke und eure Gebete, durch die das alles möglich wurde.

Für die Verlorenen,

David und Jodi

Dezember 2006

Liebe Freunde,

ein blasser, dreckiger Junge, so um die sieben Jahre alt, saß auf der Straße. Vor ihm kauerte eine ca. 30-jährige Frau. Die Frau hielt mit einer Hand dem Jungen eine Crackpfeife vor den Mund. In der anderen Hand hielt sie ein Feuerzeug und zündete das Crack in der Pfeife an.

Nachdem der zerbrechliche, kleine Junge das Crack geraucht hatte, rollte er sich mitten auf der Straße wie ein Ball zusammen. Diese höllische Szene wiederholte sich überall, während Jodi und ich zusammen mit zwei Mitarbeitern unseres brasilianischen Teams die Straßen von „Crackland" auf und ab gingen.

Unser brasilianisches Team hat es sich zur Aufgabe gemacht, die Kinder dort zu retten. Crackland ist ein Stadtteil von Sao Paolo, Brasilien. Der Stadtteil wird auch „Müllmaul" genannt – ein Ort, an dem wir ein schwangeres Mädchen sahen, dass kurz vor der Geburt ihres Kindes stand und auf der Straße mit ein paar Dealern ein Geschäft abwikkelte, um noch an mehr Drogen zu kommen. Viele dieser kleinen Kinder werden zu Prostituierten, missbraucht durch Männer, die nur ihretwegen an diesen Ort kommen.

Caitano, der Leiter unserer Arbeit im „Müllmaul", hatte einen Erste-Hilfe-Koffer in der Hand, während wir die Straßen entlangliefen. So um die fünfundzwanzig Kinder kamen auf ihn zu. Er versorgte ihre Wunden und legte ihnen Verbände an. Ein Mann, der um Hilfe bat, hatte einen großen Schnitt durch einen Messerkampf.

Fernanda, eine Teilnehmerin unserer Steiger Schule für Evangelisation und Mission in Neuseeland, betete mit Jodi für einen 15-jährigen Jungen, den wir auf der Straße getroffen hatten. Während die zwei für ihn beteten begann er zu weinen. Der Heilige Geist berührte den Jungen tief im Innersten. Caitano sagte zu dem Jungen, dass er nicht auf der Straße bleiben müsse. Er würde ihm helfen, dass er zurück zu seiner Familie gehen könne. Nach einem langen Kampf ging er mit uns zu unserer Wohnung. Er aß etwas, duschte und bekam saubere Kleidung.

Bitte betet für das Team, das an so einem extremen Ort arbeitet, und bitte denkt darüber nach, ob ihr die Arbeit nicht unterstützen wollt.

Im Moment sind Jodi und ich in Deutschland. Dort haben wir uns mit dem Ältestenteam von Steiger getroffen um gemeinsam Gott zu fragen, was er in Zukunft mit Steiger vor hat.

Wir hatten eine gute, aber auch sehr anstrengende Zeit, in der wir alle ermutigt und herausgefordert wurden.

Im Moment sind wir auf einer evangelistischen Tour durch Deutschland und ich spreche an verschiedenen Orten.

Bis jetzt haben sich viele Leute dazu entschieden einen Neustart mit Jesus zu wagen, und Leute, die bereits gläubig waren, haben sich dazu entschlossen Gott radikaler nachzufolgen.

Nach unserer Tour durch Deutschland werden wir uns mit unseren Mitarbeitern in Polen treffen und Jodi wird bei einer SLOT Konferenz sprechen. Dann wird Jodi nach Neuseeland zurückgehen und ich werde nach Singapur reisen, um dort unsere evangelistische Tour durch Asien, Singapur, China und Japan zu planen. Zwei Wochen später, kurz vor Weihnachten werde ich dann heimfliegen.

Wegen eurer treuen finanziellen Unterstützung und euren Gebeten konnte der Name Jesus in der ganzen Welt verkündet werden.

Danke dafür, dass ihr unsere Arbeit möglich macht.

Für die Verlorenen,

David und Jodi

Mai 2007

Liebe Freunde,

gestern wurden drei unserer Freunde in der Stadt Malatya in der östlichen Türkei für ihren Glauben hingerichtet.

Männer stürmten ihr Büro, fesselten, folterten sie und schnitten ihnen die Hälse durch. Zwei von ihnen waren Türken und einer war ein deutscher Missionar. Die drei arbeiteten eng mit Dave Wilson, einem unserer Partner in Istanbul, zusammen. Er plant unsere Tour durch Kyrgistan und die Türkei im August. Seine Band war vor zehn Tagen bei einem Ostergottesdienst in Malatya. Kurz nach dem Mord schrieb er mir folgende email:

David, ich freue mich schon sehr darauf mit dir und Steiger zusammenzuarbeiten, um die Mauer des Islams in diesem Teil der Erde zurückzudrängen. In dieser Mauer sind überall Löcher und Sprünge. Mögen wir mit heiligem Mut und Liebe im Namen unseres Königs vorangehen. Bete, dass die Kirche sich nicht im Untergrund versteckt, sondern an Mut zunimmt. Jetzt ist es an der Zeit, Gottes frohe Botschaft bei Tageslicht auf der Straße zu verkünden. Gestern war ein tolles Bild in der Zeitung - protestierende Menschen, keine Christen, im Taksim Park, dem Zentrum von Istanbul.

Sie protestierten friedlich und hielten ein Plakat hoch. Auf dem Plakat zeigten sie ihre Solidarität mit den ermordeten Christen der letzten Jahre. Auf dem Plakat standen die Worte: „Wir sind Christen“ obwohl sie Muslime waren, die für die Demokratie einstanden. Als ich gestern über das Ganze nachdachte, fiel mir folgender Vers aus der Bibel ein: „Unsere Brüder haben ihn besiegt durch das Blut des Lammes und durch die Botschaft, die sie empfangen und bezeugt haben. Sie waren bereit ihr Leben zu opfern und den Tod auf sich zu nehmen.“ (Offenbarung 12,11)

Dies macht mir deutlich, das wir nur einen Moment von der Ewigkeit entfernt sind und dass wir uns den Kosten bewusst werden müssen und den Kampf klarer sehen müssen, in dem wir uns befinden.

Mach weiter,

Dave W., Istanbul, Türkei.

Ich brauche wirklich Glauben für das Ganze! Besonders weil meine ganze Familie mit mir auf Tour gehen wird. Unser Sohn Aaron und seine Frau Jennifer (unsere neue Tochter), Ben, unser jüngster Sohn, und Jodi. Es ist eine Sache, Gott zu vertrauen, wenn ich alleine irgendwo hingehe, aber es braucht viel mehr Glauben meine Frau und meine Kinder mitzunehmen.

Aber wie Dave Wilson schon gesagt hat: Wir gehen nicht dorthin, weil das unsere Idee war. Ich glaube, dass Gott möchte, dass wir dorthingehen und ich erwarte, dass Jesus kraftvoll wirken wird. Wir werden sehen, wie seine Kraft die Macht des Islams zerbricht.

Ganz offensichtlich brauchen wir hierfür eure Gebete. Betet, dass Gott seine Engel sendet, um uns einen Weg zu bereiten und dass er unser ganzes Team und Dave Wilson beschützt, während wir seinen Namen verkünden.

Für die Verlorenen,

David und Jodi Pierce

Weitere Informationen

Für weitere Informationen über Jodi Pierce und Steiger International oder zur Bestellung des monatlichen, kostenlosen Rundbriefs wenden Sie sich bitte an:

Steiger e.V. Deutschland
Hirschstr. 19
76133 Karlsruhe
Deutschland

E-Mail: ka@steigerdeutschland.de
Website: www.steigerdeutschland.de
Internationale Website: www.steiger.org

Jodi, David und Steiger-Leiter von überall her leiten jedes Jahr die „Steiger Radical Mission and Leadership Training School". Die Schule dauert elf Wochen und findet zwischen März und Mai an der Kapiti Coast in Neuseeland statt. Für Informationen über die Schule oder Möglichkeiten, bei Steiger International mitzuarbeiten, kontaktieren Sie bitte unser internationales Büro unter intoffice@steiger.org.

Jodi Pierce und ihr Mann David kommen fast jährlich in den deutschsprachigen Raum, um in Gemeinden, Gruppen und bei Konferenzen zu sprechen. Steiger International stellt auch gerne weitere Sprecher für Gottesdienste und Veranstaltungen zur Verfügung. Gerne kommen wir auch zu Ihren Treffen, um die Arbeit von Steiger International vorzustellen. Bitte nehmen Sie bei Interesse über die oben genannte Adresse Kontakt auf.

David hat ebenfalls einige Bücher geschrieben. Zum Beispiel „Ausbruch aus dem Rattenkäfig", „Rock Priest" und „Dancing with Skinheads und andere Bibelarbeiten". Diese Bücher sowie Musik von der Band No Longer Music sind bei unserem Verlag unter www.pleitegeier.com oder im Handel erhältlich.

Weitere Bücher von David Pierce

David Pierce

Ausbruch aus dem Rattenkäfig

Paperback, 192 Seiten